中小学校财务制度

（2022年8月发布）

中华人民共和国财政部　制定

图书在版编目（CIP）数据

中小学校财务制度/中华人民共和国财政部制定. -- 上海：立信会计出版社，2022.12
ISBN 978-7-5429-7172-2

Ⅰ.①中… Ⅱ.①中… Ⅲ.①中小学—财务制度—研究–中国 Ⅳ.① G637.5

中国版本图书馆 CIP 数据核字（2022）第 210251 号

责任编辑　蔡伟莉

中小学校财务制度

出版发行　立信会计出版社	
地　　址　上海市中山西路 2230 号	邮政编码　200235
电　　话　（021）64411389	传　　真　（021）64411325
网　　址　www.lixinaph.com	电子邮箱　lixinaph2019@126.com
网上书店　http://lixin.jd.com	http://lxkjcbs.tmall.com
经　　销　各地新华书店	

印　　刷	北京鑫海金澳胶印有限公司
开　　本	710 毫米 ×1000 毫米　1/16
印　　张	16
字　　数	190 千字
版　　次	2022 年 12 月第 1 版
印　　次	2022 年 12 月第 1 次
书　　号	ISBN 978-7-5429-7172-2 / F
定　　价	56.00 元

如有印订差错，请与本社联系调换

财政部　教育部关于印发《中小学校财务制度》的通知……………001

事业单位财务规则……………………………………………………018

财政部关于印发《部门决算管理办法》的通知……………………031

财政部　教育部关于印发《中小学幼儿园教师国家级培训计划
　　资金管理办法》的通知…………………………………………039

财政部　教育部关于印发《城乡义务教育补助经费管理办法》
　　的通知……………………………………………………………045

财政部　教育部关于印发《特殊教育补助资金管理办法》的通知……054

财政部　教育部关于印发《支持学前教育发展资金管理办法》
　　的通知……………………………………………………………059

财政部　教育部关于印发《改善普通中学校办学条件补助资金
　　管理办法》的通知………………………………………………065

财政部　教育部关于印发《义务教育薄弱环节改善与能力提升
　　补助资金管理办法》的通知……………………………………070

财政部　教育部关于印发中央专项彩票公益金支持教育相关

项目资金管理办法的通知……………………………………076

财政部　教育部关于印发《现代职业教育质量提升计划资金

　　管理办法》的通知…………………………………………107

财政部　中央文明办　教育部关于印发《中央专项彩票公益金

　　支持乡村学校　少年宫项目资金管理办法》的通知………115

财政部　教育部　人力资源和社会保障部　退役军人部　中央

　　军委国防动员部关于印发《学生资助资金管理办法》的通知………121

财政部关于修改《财政票据管理办法》的决定……………………173

财政部关于印发中小学校执行《政府会计制度——行政事业单位

　　会计科目和报表》的补充规定和衔接规定的通知…………187

财政部　教育部　人力资源和社会保障部关于建立完善中等

　　职业学校生均拨款制度的指导意见…………………………221

财政部　外交部关于印发《因公临时出国经费管理办法》的通知……225

财政部　外交部关于调整因公临时出国住宿费标准等有关

　　事项的通知……………………………………………………234

财政部关于印发《行政事业单位内部控制规范（试行）》的通知……236

财政部 教育部关于印发《中小学校财务制度》的通知

财教〔2022〕159号

国务院有关部委、有关直属机构，各省、自治区、直辖市、计划单列市财政厅（局）、教育厅（教委、教育局），新疆生产建设兵团财政局、教育局：

为进一步规范中小学校财务行为，加强财务管理和监督，提高资金使用效益，促进中小学校事业健康发展，根据《事业单位财务规则》（财政部令第108号）和国家有关法律法规，财政部会同教育部对《中小学校财务制度》进行了修订。现印发给你们，请遵照执行。

附件：中小学校财务制度

财政部 教育部
2022年7月14日

附件:

中小学校财务制度

第一章 总 则

第一条 为了进一步规范中小学校的财务行为,加强财务管理和监督,提高资金使用效益,促进教育事业健康发展,根据《事业单位财务规则》和国家有关法律制度,结合中小学校特点,制定本制度。

第二条 本制度适用于各级人民政府举办的普通中小学校、中等职业学校(含技工学校)、特殊教育学校、专门学校、成人中学和成人初等学校。

第三条 中小学校财务管理的基本原则是:贯彻执行国家有关法律、法规和财务规章制度;坚持勤俭办学的方针;正确处理事业发展需要和资金供给的关系,社会效益和经济效益的关系,国家、学校和个人三者利益的关系。

第四条 中小学校财务管理的主要任务是:合理编制学校预算,严格预算执行,完整、准确编制学校决算报告和财务报告,真实反映学校预算执行情况、财务状况和运行情况;依法筹集教育经费,努力节约支出;建立健全财务制度,加强经济核算,全面实施绩效管理,提高资金使用效益;加强资产管理,合理配置和有效利用资产,防止资产流失;加强对学校经济活动的财务控制和监督,防范财务风险。

第五条 中小学校的各项经济业务事项按照国家统一的会计制度进

行会计核算。

第二章　财务管理体制

第六条　中小学校财务管理实行党组织领导的校长负责制。校长在学校党组织领导下，依法依规管理财务工作，对财务资料的真实性、完整性负责。

第七条　中小学校应当指定专人主管财务工作，配备财务、会计人员，并根据需要合理设置财务部门，对学校的各类经济活动实施管理、核算和监督。

财务主管人员应当依法依规履行职责，参与学校重大建设项目、重要办学资源配置、重要资产处置、大额资金使用等重大事项的决策。

第八条　中小学校财务、会计人员的任职条件、工作职责、任免奖罚、业务培训和专业技术职务岗位设置，应当严格按照国家会计法律制度执行。

财务、会计人员应当熟悉国家财经法律、法规、规章和方针、政策，掌握财会和教育教学业务管理的有关知识。

第九条　中小学校应当以校为单位进行会计核算。实行"集中记账，分校核算"的，不改变学校财务管理权。即在一定区域内，由县级财政和教育部门确定的会计核算机构统一办理区域内中小学校的会计核算。

中小学校应当提升财务信息化管理水平，积极利用现代信息技术，管理学校财务活动。

第十条　中小学校食堂应当坚持公益性和非营利性原则。

学校自主经营食堂为学生提供就餐服务的，财务活动纳入学校财务部门统一管理，可在学校现有账户下分账核算，真实反映收支状况，并

定期公开账务。如有结余，应当转入下一会计年度继续使用。

学校采用委托方式经营食堂为学生提供就餐服务的，应当加强监督管理，不得向被委托方转嫁建设、修缮等费用。

学校采用配餐或托餐方式为学生提供就餐服务的，餐费可由学校统一收取并按照代收费管理。

第十一条 非独立核算的勤工俭学、社会服务和经营等项目的财务活动，由学校财务部门统一管理。

义务教育阶段学校按照国家有关规定不得从事经营活动。

第三章 预算管理

第十二条 中小学校预算是指中小学校根据教育事业发展目标和计划编制的年度财务收支计划。

中小学校预算由收入预算和支出预算组成。

第十三条 国家对中小学校实行核定收支、定额或者定项补助、超支不补、结转和结余按规定使用的预算管理办法。定额或者定项补助根据国家有关政策和财力可能，结合教育改革要求、中小学校特点、事业发展目标和计划、学校收支及资产状况等确定。

第十四条 中小学校预算以校为基本编制单位，不具有独立法人资格的学校纳入其所隶属学校统一编制。

预算编制应当坚持量入为出、收支平衡、统筹兼顾、保证重点、勤俭节约和讲求绩效的原则。中小学校不得编制赤字预算。

第十五条 中小学校应当考虑学校维持正常运转和发展的基本需要，参考以前年度的预算执行情况，根据预算年度的收入增减因素和措施，以及以前年度结转和结余情况，积极稳妥地逐项测算编制收入预算草案。

中小学校应当根据学校开展教育教学等活动需要和财力可能，分轻重缓急，编制支出预算草案，按其功能分类编列到项，按其经济性质分类编列到款。

第十六条　中小学校预算由学校根据年度事业发展目标和计划以及预算编制的规定，提出预算建议数，经主管部门审核汇总后报财政部门。学校根据财政部门下达的预算控制数编制预算草案，由主管部门审核汇总报财政部门，经法定程序审核批复后执行。

第十七条　中小学校应当严格执行批准的预算，规范办理收支事项，加强预算执行管理。严禁超预算、无预算安排支出。

第十八条　预算执行中，财政补助收入和财政专户管理资金的预算一般不予调剂。确需调剂的，由中小学校报主管部门审核后报财政部门调剂。其他资金确需调剂的，按照国家有关规定办理。

第十九条　中小学校决算是指中小学校预算收支和结余的年度执行结果。

第二十条　中小学校应当按照规定编制年度决算草案，由主管部门审核汇总后报财政部门审批。

第二十一条　中小学校应当加强决算审核和分析，保证决算数据的真实、准确，规范决算管理工作。

第二十二条　中小学校的预算、决算应当按照财政部门和主管部门统一要求及时向社会公开。

第二十三条　中小学校应当全面加强预算绩效管理，提高资金使用效益。

第四章　收入管理

第二十四条　收入是指中小学校为开展教育教学及其他活动依法取

得的非偿还性资金。

第二十五条 中小学校收入包括：

（一）财政补助收入，即中小学校从本级财政部门取得的各类财政拨款。

（二）事业收入，即中小学校开展教育教学及其辅助活动依法取得的收入。其中：按照国家规定应当上缴国库或者财政专户的资金，不计入事业收入；从财政专户核拨给学校的资金和经核准不上缴国库或者财政专户的资金，计入事业收入。

（三）上级补助收入，即中小学校从主管部门和上级单位取得的非财政补助收入。

（四）附属单位上缴收入，即中小学校附属的独立核算单位按照规定上缴学校的收入。

（五）经营收入，即非义务教育阶段学校在教育教学及其辅助活动之外，开展非独立核算经营活动取得的收入。

（六）其他收入，即本条上述规定范围以外的各项收入，包括投资收益、利息收入、捐赠收入、非本级财政补助收入、租金收入等。其中：为在校学生提供课后服务收取的服务性收费收入，计入其他收入。

第二十六条 中小学校应当将各项收入全部纳入学校预算，统一核算，统一管理，未纳入预算的收入不得安排支出。

中小学校严禁设立"小金库"，严禁账外设账，严禁公款私存。

第二十七条 中小学校组织收入应当合法合规，各项收费应当严格执行国家规定的收费范围、收费项目和收费标准，不得擅自扩大收费范围、增加收费项目、提高收费标准。

中小学校对按照规定上缴国库或者财政专户的资金，应当按照国库集中收缴的有关规定及时足额上缴，不得隐瞒、滞留、截留、占用、挪用、拖欠或坐支。

第二十八条　中小学校应当加强票据管理。行政事业性收费和代收费应当按照财务隶属关系使用财政部门监（印）制的财政票据。服务性收费应当使用税务发票。

第五章　支出管理

第二十九条　支出是指中小学校为开展教育教学及其他活动发生的各项资金耗费和损失。

第三十条　中小学校支出包括：

（一）事业支出，即中小学校开展教育教学及其辅助活动发生的基本支出和项目支出。基本支出是指中小学校为保障其正常运转、完成日常工作任务所发生的支出，包括人员经费和公用经费。项目支出是指中小学校为了完成特定工作任务和事业发展目标所发生的支出。

（二）经营支出，即非义务教育阶段学校在教育教学及其辅助活动之外开展非独立核算经营活动发生的支出。

（三）对附属单位补助支出，即中小学校用财政补助收入之外的收入对附属单位补助发生的支出。

（四）上缴上级支出，即中小学校按照财政部门和主管部门的规定上缴上级单位的支出。

（五）其他支出，即本条上述规定范围以外的各项支出，包括利息支出、捐赠支出等。

中小学校可以结合实际，在上述支出分类的基础上，进一步按照教育教学功能细化支出分类。

第三十一条　中小学校应当将各项支出全部纳入学校预算，实行项目库管理，建立健全支出管理制度，未纳入预算项目库的项目一律不得安排预算。

第三十二条　中小学校支出应当坚持厉行节约，严格执行国家有关财务规章制度规定的开支范围及开支标准；国家有关财务规章制度没有统一规定的，由学校结合本校情况规定，报主管部门和财政部门备案。学校规定违反法律制度和国家政策的，主管部门和财政部门应当责令改正。

中小学校应当加强支出管理，基本支出、项目支出不得混用，公用经费、人员经费不得混用。项目支出应当按照规定专款专用，不得挤占和挪用。

第三十三条　非义务教育阶段学校开展非独立核算经营活动，应当以不影响正常教育教学活动为前提。在开展非独立核算经营活动中，应当加强经济核算，正确归集实际发生的各项费用；不能直接归集的，应当按照规定的比例合理分摊。

经营支出应当与经营收入配比。

第三十四条　中小学校从财政部门和主管部门取得的有指定项目和用途的专项资金，应当专款专用、单独核算，并按照规定报送专项资金使用情况报告，接受财政部门或者主管部门的检查、验收。

第三十五条　中小学校应当加强经济核算，可以根据开展业务活动及其他活动的实际需要，实行成本核算。成本核算的具体办法按照国务院财政部门相关规定执行。

第三十六条　中小学校各项支出应当按照实际发生数列支，不得虚列虚报，不得以计划数和预算数代替。

第三十七条 中小学校应当严格执行国库集中支付制度和政府采购制度等有关规定。

第三十八条 中小学校应当依法加强各类票据管理，确保票据来源合法、内容真实、使用正确，不得使用虚假票据。

第六章 结转和结余管理

第三十九条 结转和结余是指中小学校年度收入与支出相抵后的余额。

结转资金是指当年预算已执行但未完成，或者因故未执行，下一年度需要按照原用途继续使用的资金。结余资金是指当年预算工作目标已完成，或者因故终止，当年剩余的资金。

经营收支结转和结余应当单独反映。

第四十条 财政拨款结转和结余的管理，应当按照国家有关规定执行。

第四十一条 非财政拨款结转按照规定结转下一年度继续使用。非财政拨款结余可以按照国家有关规定提取职工福利基金，剩余部分用于弥补以后年度学校收支差额；国家另有规定的，从其规定。

第四十二条 中小学校应当加强非财政拨款结余的管理，盘活存量，统筹安排、合理使用，支出不得超出非财政拨款结余规模。

第七章 专用基金管理

第四十三条 专用基金是指中小学校按照规定提取或者设置的有专门用途的资金。

专用基金管理应当遵循先提后用、专款专用的原则，支出不得超出

基金规模。

第四十四条 专用基金包括职工福利基金、奖助学基金和其他专用基金。

（一）职工福利基金，即按照非财政拨款结余的一定比例提取以及按照其他规定提取转入，用于职工集体福利设施、集体福利待遇等的资金。

（二）奖助学基金，即接受社会捐赠和按照规定从事业收入中提取转入，用于奖励、资助学生的资金。

（三）其他专用基金，即按照其他有关规定，根据事业发展需要提取或者设置的专用资金。

第四十五条 中小学校应当将专用基金纳入预算管理，结合实际需要按照规定提取，保持合理规模，提高使用效益。除奖助学基金外，专用基金余额较多的，应当降低提取比例或者暂停提取；确需调整用途的，由主管部门会同本级财政部门确定。

第四十六条 各项基金的提取比例和管理办法，国家有统一规定的，按照统一规定执行；没有统一规定的，由主管部门会同本级财政部门确定。

第八章　资产管理

第四十七条 资产是指中小学校依法直接支配的各类经济资源。包括流动资产、固定资产、在建工程、无形资产、对外投资、文物文化资产等。

第四十八条 中小学校应当建立健全资产管理制度，明确资产使用人和管理人的岗位责任，按照国家规定设置国有资产台账，加强和规范资产配置、使用和处置管理，维护资产安全完整，提高资产使用效率。

涉及资产评估的，按照国家有关规定执行。

中小学校应当汇总编制学校行政事业性国有资产管理情况报告。

中小学校应当定期或者不定期对资产进行盘点、对账。出现资产盘盈盘亏的，应当按照财务、会计和资产管理制度有关规定处理，做到账实相符和账账相符。

中小学校对需要办理权属登记的资产应当依法及时办理。

第四十九条　中小学校应当根据依法履行职能和事业发展的需要，结合资产存量、资产配置标准、绩效目标和财政承受能力配置资产。优先通过调剂方式配置资产，不能调剂的，可以采用购置、建设、租用等方式。

第五十条　流动资产是指可以在一年以内变现或者耗用的资产，包括现金、各种存款、应收及预付款项、存货等。

应收及预付款项是指中小学校在开展教育教学和其他活动过程中形成的各项债权，包括应收账款、应收票据、预付账款和其他应收款等。

存货是指中小学校在开展教育教学活动及其他活动中为耗用或出售而储存的资产，包括材料、燃料、包装物和低值易耗品以及未达到固定资产标准的用具、装具、动植物等。

第五十一条　中小学校应当按照国家有关规定开设基本存款账户和零余额账户，建立健全现金及各种存款的内部管理制度，加强资金监督管理；对应收及预付款项应当及时清理结算，不得长期挂账；规范存货领用制度，提高资产使用效益。

中小学校货币性资产损失核销，应当经主管部门审核同意后报本级财政部门审批。

第五十二条　固定资产是指使用期限超过一年，单位价值在1 000元

以上，并在使用过程中基本保持原有物质形态的资产。单位价值虽未达到规定标准，但是耐用时间在一年以上的大批同类物资，作为固定资产管理。

中小学校固定资产明细目录由教育部制定，报财政部备案。

第五十三条 在建工程是指已经发生必要支出，但尚未达到交付使用状态的建设工程。

在建工程达到交付使用状态时，应当按照规定办理工程竣工财务决算和资产交付使用，期限最长不得超过1年。

第五十四条 无形资产是指不具有实物形态而能为使用者提供某种权利的资产，包括专利权、商标权、著作权、土地使用权、非专利技术以及其他财产权利。

中小学校转让无形资产取得的收入、取得无形资产发生的支出，应当按照国家有关规定处理。

第五十五条 对外投资是指非义务教育阶段学校依法利用货币资金、实物、无形资产等方式向其他单位的投资。

非义务教育阶段学校应当严格控制对外投资。利用国有资产对外投资应当有利于事业发展和实现国有资产保值增值，符合国家有关规定，经可行性研究和集体决策，按照规定的权限和程序进行。不得使用财政拨款及其结余进行对外投资，不得从事股票、期货、基金、企业债券等投资。

非义务教育阶段学校应当明确对外投资形成的股权及其相关权益管理责任，按照国家有关规定将对外投资形成的股权纳入经营性国有资产集中统一监管体系。

义务教育阶段学校不得对外投资。

第五十六条 中小学校文物文化资产等资产管理的具体办法，由国务院财政部门会同有关部门制定。

第五十七条 在满足学校正常教育教学活动的前提下，中小学校可以出租、出借资产。

中小学校出租、出借资产应当进行必要的可行性论证，严格履行相关审批程序。

第五十八条 中小学校资产处置是指学校对其占有、使用的资产，进行产权转让或者注销产权的行为，包括出售、出让、转让、对外捐赠、报废、报损以及货币性资产损失核销等。

中小学校资产处置应当遵循公开、公平、公正和竞争、择优的原则，严格履行相关审批程序。

第五十九条 中小学校资产处置收入应当按照国家有关规定，实行"收支两条线"管理。

第六十条 中小学校长期闲置、低效运转或者超标准配置的国有资产，应当由主管部门进行调剂，并报本级财政部门备案。

第六十一条 中小学校应当在确保安全使用的前提下，推进学校大型设备等国有资产共享共用工作，可收取合理补偿。所取得的共享共用补偿收入应当纳入学校预算，统一管理。

第九章 负债管理

第六十二条 负债是指中小学校所承担的能以货币计量，需要以资产或者劳务偿还的债务。

第六十三条 中小学校的负债包括借入款项、应付款项、应缴款项、代管款项等。

借入款项是指非义务教育阶段学校经批准从银行等金融机构借入的短期或者长期借款。

应付款项包括中小学校应付票据、应付账款、其他应付款和预收账款等。

应缴款项包括中小学校收取的应当上缴国库或者财政专户的资金、应缴税费，以及其他按照国家有关规定应当上缴的款项。

代管款项是指中小学校接受委托代为管理的各类款项。

第六十四条　中小学校应当对不同性质的负债分类管理，及时清理并按照规定办理结算，保证各项负债在规定期限内偿还。

第六十五条　中小学校应当建立健全财务风险预警和控制机制，规范和加强借入款项管理，如实反映依法举借债务情况，严格执行审批程序。

严禁义务教育阶段学校举借债务，非义务教育阶段学校不得违反规定举借债务。

中小学校不得提供担保，不得替地方政府及其部门举债融资。

第十章　财务清算

第六十六条　经国家有关部门批准，中小学校发生划转、撤销、合并、分立时，应当进行清算。

第六十七条　中小学校财务清算，应当在主管部门和财政部门的监督指导下，对学校的财产、债权、债务等进行全面清理，编制财产目录和债权、债务清单以及清算财务报告，全面反映学校的财务状况和清算损益，提出财产作价依据和债权、债务处理办法，做好资产和负债的移交、接收、划转和管理工作，并妥善处理各项遗留问题。

第六十八条　中小学校财务清算结束后，经主管部门审核并报财政部门批准，其资产和负债分别按照下列办法处理：

（一）因隶属关系改变，成建制划转的中小学校，全部资产和负债无偿移交，并相应划转经费指标。

（二）撤销的中小学校，全部资产和负债由主管部门和财政部门核准处理。

（三）合并的中小学校，全部资产和负债移交接收单位或者新组建单位，合并后多余的资产由主管部门和财政部门核准处理。

（四）分立的中小学校，全部资产和负债按照有关规定移交分立后的中小学校，并相应划转经费指标。

第十一章　财务报告和决算报告

第六十九条　中小学校应当按国家有关规定向主管部门和财政部门以及其他有关的报告使用者提供财务报告、决算报告。

中小学校财务会计和预算会计要素的确认、计量、记录、报告应当遵循政府会计准则制度的规定。

第七十条　财务报告主要以权责发生制为基础编制，综合反映学校特定日期财务状况和一定时期运行情况等信息。

第七十一条　财务报告由财务报表和财务分析两部分组成。财务报表主要包括资产负债表、收入费用表等会计报表和报表附注。财务分析的内容主要包括财务状况分析、运行情况分析和财务管理情况等。

第七十二条　决算报告主要以收付实现制为基础编制，综合反映学校年度预算收支执行结果等信息。

第七十三条　决算报告由决算报表和决算分析两部分组成。决算报

表主要包括收入支出表、财政拨款收入支出表等。决算分析的内容主要包括收支预算执行分析、资金使用效益分析和机构人员情况等。

第十二章 财务监督

第七十四条 中小学校财务监督的主要内容包括：

（一）预、决算编制的科学性、真实性、完整性和预算执行的时效性、均衡性；

（二）各项收入、支出的合法性、合规性；

（三）结转和结余资金以及专用基金管理的合规性；

（四）资产管理的安全性、完整性、合规性、有效性；

（五）负债的合规性和风险性；

（六）学生人数、教职工人数等基础数据的真实性、准确性和完整性。

第七十五条 中小学校财务监督应当实行事前监督、事中监督、事后监督相结合，日常监督与专项监督相结合。

第七十六条 中小学校应当建立健全内部控制制度、经济责任制度、财务信息披露制度等监督制度，按规定编制和报送内部控制报告，规范学校各项经济活动，依法公开财务信息。

第七十七条 中小学校应当遵守财经纪律和财务制度，依法接受主管部门和财政、审计等部门的监督。

第七十八条 中小学校及其工作人员存在违反本制度规定的行为，以及其他滥用职权、玩忽职守、徇私舞弊等违法违规行为的，依法追究相应责任。

第十三章 附　　则

第七十九条 中小学校基本建设投资的财务管理，应当执行本制度，但国家基本建设投资财务管理制度另有规定的，从其规定。

第八十条 纳入企业财务管理体系的中小学校，以及独立核算的中小学校校办企业，执行企业财务制度，不执行本制度。

第八十一条 政府举办的幼儿园依照本制度执行。

社会力量举办的普通中小学校、中等职业学校（含技工学校）、特殊教育学校、专门学校、成人中学、成人初等学校和幼儿园可以参照本制度执行。

第八十二条 各省、自治区、直辖市人民政府财政部门、教育部门可以根据本制度，结合本地区实际情况，制定具体财务管理办法或者补充规定。

第八十三条 中小学校应当根据本制度结合学校实际情况制定内部财务管理办法，报主管部门备案。

第八十四条 本制度自2022年9月1日起施行。财政部、教育部2012年12月21日颁布的《中小学校财务制度》（财教〔2012〕489号）同时废止。

事业单位财务规则

中华人民共和国财政部令第 108 号

第一章 总 则

第一条 为了进一步规范事业单位的财务行为，加强事业单位财务管理和监督，提高资金使用效益，保障事业单位健康发展，制定本规则。

第二条 本规则适用于各级各类事业单位（以下简称事业单位）的财务活动。

第三条 事业单位财务管理的基本原则是：执行国家有关法律、法规和财务规章制度；坚持勤俭办一切事业的方针；正确处理事业发展需要和资金供给的关系，社会效益和经济效益的关系，国家、单位和个人三者利益的关系。

第四条 事业单位财务管理的主要任务是：合理编制单位预算，严格预算执行，完整、准确编制单位决算报告和财务报告，真实反映单位预算执行情况、财务状况和运行情况；依法组织收入，努力节约支出；建立健全财务制度，加强经济核算，全面实施绩效管理，提高资金使用效益；加强资产管理，合理配置和有效利用资产，防止资产流失；加强对单位经济活动的财务控制和监督，防范财务风险。

第五条　事业单位的财务活动在单位负责人的领导下，由单位财务部门统一管理。

第六条　事业单位的各项经济业务事项按照国家统一的会计制度进行会计核算。

第二章　单位预算管理

第七条　事业单位预算是指事业单位根据事业发展目标和计划编制的年度财务收支计划。

事业单位预算由收入预算和支出预算组成。

第八条　国家对事业单位实行核定收支、定额或者定项补助、超支不补、结转和结余按规定使用的预算管理办法。

定额或者定项补助根据国家有关政策和财力可能，结合事业单位改革要求、事业特点、事业发展目标和计划、事业单位收支及资产状况等确定。定额或者定项补助可以为零。

非财政补助收入大于支出较多的事业单位，可以实行收入上缴办法。具体办法由财政部门会同有关主管部门制定。

第九条　事业单位参考以前年度预算执行情况，根据预算年度的收入增减因素和措施，以及以前年度结转和结余情况，测算编制收入预算草案；根据事业发展需要与财力可能，测算编制支出预算草案。

事业单位预算应当自求收支平衡，不得编制赤字预算。

第十条　事业单位应当根据国家宏观调控总体要求、年度事业发展目标和计划以及预算编制的规定，提出预算建议数，经主管部门审核汇总报财政部门（一级预算单位直接报财政部门，下同）。事业单位根据财政部门下达的预算控制数编制预算草案，由主管部门审核汇总报财政部门，经法定程序审核批复后执行。

第十一条 事业单位应当严格执行批准的预算。预算执行中，国家对财政补助收入和财政专户管理资金的预算一般不予调剂，确需调剂的，由事业单位报主管部门审核后报财政部门调剂；其他资金确需调剂的，按照国家有关规定办理。

第十二条 事业单位决算是指事业单位预算收支和结余的年度执行结果。

第十三条 事业单位应当按照规定编制年度决算草案，由主管部门审核汇总后报财政部门审批。

第十四条 事业单位应当加强决算审核和分析，保证决算数据的真实、准确，规范决算管理工作。

第十五条 事业单位应当全面加强预算绩效管理，提高资金使用效益。

第三章 收入管理

第十六条 收入是指事业单位为开展业务及其他活动依法取得的非偿还性资金。

第十七条 事业单位收入包括：

（一）财政补助收入，即事业单位从本级财政部门取得的各类财政拨款。

（二）事业收入，即事业单位开展专业业务活动及其辅助活动取得的收入。其中：按照国家有关规定应当上缴国库或者财政专户的资金，不计入事业收入；从财政专户核拨给事业单位的资金和经核准不上缴国库或者财政专户的资金，计入事业收入。

（三）上级补助收入，即事业单位从主管部门和上级单位取得的非财政补助收入。

（四）附属单位上缴收入，即事业单位附属独立核算单位按照有关规定上缴的收入。

（五）经营收入，即事业单位在专业业务活动及其辅助活动之外开展非独立核算经营活动取得的收入。

（六）其他收入，即本条上述规定范围以外的各项收入，包括投资收益、利息收入、捐赠收入、非本级财政补助收入、租金收入等。

第十八条　事业单位应当将各项收入全部纳入单位预算，统一核算，统一管理，未纳入预算的收入不得安排支出。

第十九条　事业单位对按照规定上缴国库或者财政专户的资金，应当按照国库集中收缴的有关规定及时足额上缴，不得隐瞒、滞留、截留、占用、挪用、拖欠或坐支。

第四章　支 出 管 理

第二十条　支出是指事业单位开展业务及其他活动发生的资金耗费和损失。

第二十一条　事业单位支出包括：

（一）事业支出，即事业单位开展专业业务活动及其辅助活动发生的基本支出和项目支出。基本支出，是指事业单位为保障其单位正常运转、完成日常工作任务所发生的支出，包括人员经费和公用经费；项目支出，是指事业单位为完成其特定的工作任务和事业发展目标所发生的支出。

（二）经营支出，即事业单位在专业业务活动及其辅助活动之外开

展非独立核算经营活动发生的支出。

（三）对附属单位补助支出，即事业单位用财政补助收入之外的收入对附属单位补助发生的支出。

（四）上缴上级支出，即事业单位按照财政部门和主管部门的规定上缴上级单位的支出。

（五）其他支出，即本条上述规定范围以外的各项支出，包括利息支出、捐赠支出等。

第二十二条　事业单位应当将各项支出全部纳入单位预算，实行项目库管理，建立健全支出管理制度。

第二十三条　事业单位的支出应当厉行节约，严格执行国家有关财务规章制度规定的开支范围及开支标准；国家有关财务规章制度没有统一规定的，由事业单位规定，报主管部门和财政部门备案。事业单位的规定违反法律制度和国家政策的，主管部门和财政部门应当责令改正。

第二十四条　事业单位从财政部门和主管部门取得的有指定项目和用途的专项资金，应当专款专用、单独核算，并按照规定报送专项资金使用情况的报告，接受财政部门或者主管部门的检查、验收。

第二十五条　事业单位应当加强经济核算，可以根据开展业务活动及其他活动的实际需要，实行成本核算。成本核算的具体办法按照国务院财政部门相关规定执行。

第二十六条　事业单位应当严格执行国库集中支付制度和政府采购制度等有关规定。

第二十七条　事业单位应当依法加强各类票据管理，确保票据来源合法、内容真实、使用正确，不得使用虚假票据。

第五章　结转和结余管理

第二十八条　结转和结余是指事业单位年度收入与支出相抵后的余额。

结转资金是指当年预算已执行但未完成,或者因故未执行,下一年度需要按照原用途继续使用的资金。结余资金是指当年预算工作目标已完成,或者因故终止,当年剩余的资金。

经营收支结转和结余应当单独反映。

第二十九条　财政拨款结转和结余的管理,应当按照国家有关规定执行。

第三十条　非财政拨款结转按照规定结转下一年度继续使用。非财政拨款结余可以按照国家有关规定提取职工福利基金,剩余部分用于弥补以后年度单位收支差额;国家另有规定的,从其规定。

第三十一条　事业单位应当加强非财政拨款结余的管理,盘活存量,统筹安排、合理使用,支出不得超出非财政拨款结余规模。

第六章　专用基金管理

第三十二条　专用基金是指事业单位按照规定提取或者设置的有专门用途的资金。

专用基金管理应当遵循先提后用、专款专用的原则,支出不得超出基金规模。

第三十三条　专用基金包括职工福利基金和其他专用基金。

职工福利基金是指按照非财政拨款结余的一定比例提取以及按照其他规定提取转入,用于单位职工的集体福利设施、集体福利待遇等

的资金。

其他专用基金是指除职工福利基金外,按照有关规定提取或者设置的专用资金。

第三十四条 事业单位应当将专用基金纳入预算管理,结合实际需要按照规定提取,保持合理规模,提高使用效益。专用基金余额较多的,应当降低提取比例或者暂停提取;确需调整用途的,由主管部门会同本级财政部门确定。

第三十五条 各项基金的提取比例和管理办法,国家有统一规定的,按照统一规定执行;没有统一规定的,由主管部门会同本级财政部门确定。

第七章 资产管理

第三十六条 资产是指事业单位依法直接支配的各类经济资源。

第三十七条 事业单位的资产包括流动资产、固定资产、在建工程、无形资产、对外投资、公共基础设施、政府储备物资、文物文化资产、保障性住房等。

第三十八条 事业单位应当建立健全单位资产管理制度,明确资产使用人和管理人的岗位责任,按照国家规定设置国有资产台账,加强和规范资产配置、使用和处置管理,维护资产安全完整,提高资产使用效率。涉及资产评估的,按照国家有关规定执行。

事业单位应当汇总编制本单位行政事业性国有资产管理情况报告。

事业单位应当定期或者不定期对资产进行盘点、对账。出现资产盘盈盘亏的,应当按照财务、会计和资产管理制度有关规定处理,做到账实相符和账账相符。

事业单位对需要办理权属登记的资产应当依法及时办理。

第三十九条 事业单位应当根据依法履行职能和事业发展的需要，结合资产存量、资产配置标准、绩效目标和财政承受能力配置资产。优先通过调剂方式配置资产。不能调剂的，可以采用购置、建设、租用等方式。

第四十条 流动资产是指可以在一年以内变现或者耗用的资产，包括现金、各种存款、应收及预付款项、存货等。

前款所称存货是指事业单位在开展业务活动及其他活动中为耗用或出售而储存的资产，包括材料、燃料、包装物和低值易耗品以及未达到固定资产标准的用具、装具、动植物等。

事业单位货币性资产损失核销，应当经主管部门审核同意后报本级财政部门审批。

第四十一条 固定资产是指使用期限超过一年，单位价值在 1 000 元以上，并在使用过程中基本保持原有物质形态的资产。单位价值虽未达到规定标准，但是耐用时间在一年以上的大批同类物资，作为固定资产管理。

行业事业单位的固定资产明细目录由国务院主管部门制定，报国务院财政部门备案。

第四十二条 在建工程是指已经发生必要支出，但尚未达到交付使用状态的建设工程。

在建工程达到交付使用状态时，应当按照规定办理工程竣工财务决算和资产交付使用，期限最长不得超过 1 年。

第四十三条 无形资产是指不具有实物形态而能为使用者提供某种权利的资产，包括专利权、商标权、著作权、土地使用权、非专利技术以及其他财产权利。

事业单位转让无形资产取得的收入、取得无形资产发生的支出，应当按照国家有关规定处理。

第四十四条 对外投资是指事业单位依法利用货币资金、实物、无形资产等方式向其他单位的投资。

事业单位应当严格控制对外投资。利用国有资产对外投资应当有利于事业发展和实现国有资产保值增值，符合国家有关规定，经可行性研究和集体决策，按照规定的权限和程序进行。事业单位不得使用财政拨款及其结余进行对外投资，不得从事股票、期货、基金、企业债券等投资，国家另有规定的除外。

事业单位应当明确对外投资形成的股权及其相关权益管理责任，按照国家有关规定将对外投资形成的股权纳入经营性国有资产集中统一监管体系。

第四十五条 公共基础设施、政府储备物资、文物文化资产、保障性住房等资产管理的具体办法，由国务院财政部门会同有关部门制定。

第四十六条 事业单位资产处置应当遵循公开、公平、公正和竞争、择优的原则，严格履行相关审批程序。

事业单位出租、出借资产应当严格履行相关审批程序。

第四十七条 事业单位应当在确保安全使用的前提下，推进本单位大型设备等国有资产共享共用工作，可以对提供方给予合理补偿。

第八章　负债管理

第四十八条 负债是指事业单位所承担的能以货币计量，需要以资产或者劳务偿还的债务。

第四十九条　事业单位的负债包括借入款项、应付款项、暂存款项、应缴款项等。

应缴款项包括事业单位按照国家有关规定收取的应当上缴国库或者财政专户的资金、应缴税费，以及其他应当上缴的款项。

第五十条　事业单位应当对不同性质的负债分类管理，及时清理并按照规定办理结算，保证各项负债在规定期限内偿还。

第五十一条　事业单位应当建立健全财务风险预警和控制机制，规范和加强借入款项管理，如实反映依法举借债务情况，严格执行审批程序，不得违反规定融资或者提供担保。

第九章　事业单位清算

第五十二条　事业单位发生划转、改制、撤销、合并、分立时，应当进行清算。

第五十三条　事业单位清算，应当在主管部门和财政部门的监督指导下，对单位的财产、债权、债务等进行全面清理，编制财产目录和债权、债务清单，提出财产作价依据和债权、债务处理办法，做好资产和负债的移交、接收、划转和管理工作，并妥善处理各项遗留问题。

第五十四条　事业单位清算结束后，经主管部门审核并报财政部门批准，其资产和负债分别按照下列办法处理：

（一）因隶属关系改变，成建制划转的事业单位，全部资产和负债无偿移交，并相应划转经费指标。

（二）转为企业的事业单位，全部资产扣除负债后，转作国家资本金。

（三）撤销的事业单位，全部资产和负债由主管部门和财政部门核

准处理。

（四）合并的事业单位，全部资产和负债移交接收单位或者新组建单位，合并后多余的资产由主管部门和财政部门核准处理。

（五）分立的事业单位，全部资产和负债按照有关规定移交分立后的事业单位，并相应划转经费指标。

第十章 财务报告和决算报告

第五十五条 事业单位应当按国家有关规定向主管部门和财政部门以及其他有关的报告使用者提供财务报告、决算报告。

事业单位财务会计和预算会计要素的确认、计量、记录、报告应当遵循政府会计准则制度的规定。

第五十六条 财务报告主要以权责发生制为基础编制，综合反映事业单位特定日期财务状况和一定时期运行情况等信息。

第五十七条 财务报告由财务报表和财务分析两部分组成。财务报表主要包括资产负债表、收入费用表等会计报表和报表附注。财务分析的内容主要包括财务状况分析、运行情况分析和财务管理情况等。

第五十八条 决算报告主要以收付实现制为基础编制，综合反映事业单位年度预算收支执行结果等信息。

第五十九条 决算报告由决算报表和决算分析两部分组成。决算报表主要包括收入支出表、财政拨款收入支出表等。决算分析的内容主要包括收支预算执行分析、资金使用效益分析和机构人员情况等。

第十一章 财务监督

第六十条 事业单位财务监督主要包括对预算管理、收入管理、支出管理、结转和结余管理、专用基金管理、资产管理、负债管理等的监督。

第六十一条 事业单位财务监督应当实行事前监督、事中监督、事后监督相结合，日常监督与专项监督相结合。

第六十二条 事业单位应当建立健全内部控制制度、经济责任制度、财务信息披露制度等监督制度，依法公开财务信息。

第六十三条 事业单位应当遵守财经纪律和财务制度，依法接受主管部门和财政、审计部门的监督。

第六十四条 各级事业单位、主管部门和财政部门及其工作人员存在违反本规则规定的行为，以及其他滥用职权、玩忽职守、徇私舞弊等违法违规行为的，依法追究相应责任。

第十二章　附　　则

第六十五条 事业单位基本建设投资的财务管理，应当执行本规则，但国家基本建设投资财务管理制度另有规定的，从其规定。

第六十六条 参照公务员法管理的事业单位财务制度的适用，由国务院财政部门另行规定。

第六十七条 接受国家经常性资助的社会力量举办的公益服务性组织和社会团体，依照本规则执行；其他社会力量举办的公益服务性组织和社会团体，可以参照本规则执行。

第六十八条 下列事业单位或者事业单位特定项目，执行企业财务制度，不执行本规则：

（一）纳入企业财务管理体系的事业单位和事业单位附属独立核算的生产经营单位；

（二）事业单位经营的接受外单位要求投资回报的项目；

（三）经主管部门和财政部门批准的具备条件的其他事业单位。

第六十九条 行业特点突出，需要制定行业事业单位财务管理制度的，由国务院财政部门会同有关主管部门根据本规则制定。

第七十条 省、自治区、直辖市人民政府财政部门可以根据本规则结合本地区实际情况制定事业单位具体财务管理办法。

第七十一条 本规则自 2022 年 3 月 1 日起施行。《事业单位财务规则》（财政部令第 68 号）同时废止。

财政部关于印发《部门决算管理办法》的通知

财库〔2021〕36号

有关中央预算单位，各省、自治区、直辖市、计划单列市财政厅（局），新疆生产建设兵团财政局，财政部各地监管局：

　　为贯彻预算法实施条例，落实党中央国务院关于深化预算管理制度改革的要求，进一步加强部门决算管理，根据《中华人民共和国预算法》《中华人民共和国会计法》《中华人民共和国预算法实施条例》《行政单位财务规则》《事业单位财务规则》和政府会计准则制度等有关规定，我部对《部门决算管理制度》（财库〔2013〕209号）进行了修订，形成了《部门决算管理办法》。现印发给你们，请认真遵照执行。

　　附件：部门决算管理办法

财政部
2021年10月13日

附件：

部门决算管理办法

第一章 总 则

第一条 为进一步加强部门决算管理，根据《中华人民共和国预算法》《中华人民共和国会计法》《中华人民共和国预算法实施条例》《行政单位财务规则》《事业单位财务规则》和政府会计准则制度等有关规定，制定本办法。

第二条 本办法适用于各级政府财政部门、各部门、各单位的部门决算管理工作。

本办法所称各部门是指与本级政府财政部门直接发生预算缴拨款关系的国家机关、政党组织、事业单位、社会团体和其他单位，涵盖范围与部门预算相对应。各单位是指部门所属预算单位，含经费自理事业单位。

第三条 本办法所称部门决算，是指各部门依据国家有关法律法规规定及其履行职能情况编制，反映部门所有预算收支和结余执行结果及绩效等情况的综合性年度报告，是改进部门预算执行以及编制后续年度部门预算的参考和依据。

第四条 部门决算由本部门及其所属单位决算组成。

第五条 部门决算管理按照"依法依规、科学规范、统一高效"的原则，由财政部实施统一管理，各级政府财政部门、各部门、各单位依据预算管理关系分别组织实施。

第六条　部门决算管理事项主要包括：部门决算的工作组织、报告体系设计、编制审核、汇总报送、批复、信息公开、分析应用以及数据资料管理等。

第二章　报告体系设计

第七条　部门决算报告体系包括决算报表、报表说明和决算分析等。

第八条　决算报表包括报表封面、主表、附表等，反映部门和单位收支预算执行结果以及与预算管理相关的机构人员、存量资产等信息。

第九条　报表说明包括报表编制基本情况、数据审核情况，以及需要说明的重要事项等，主要反映决算报表编制的相关情况。

第十条　决算分析包括收支预算执行、机构人员、预算绩效等情况分析，以及决算管理工作开展情况，主要反映部门预决算管理及预算执行情况。

第三章　编制审核和汇总报送

第十一条　每一预算年度终了，各部门、各单位应当按照本级政府财政部门的工作部署，依法依规编制决算，做到收支真实、数额准确、内容完整、报送及时。

第十二条　各部门、各单位应当全面清理核实收入、支出等情况，并在办理年终结账的基础上编制决算。具体程序是：

（一）清理收支账目、往来款项，核对年度预算收支和各项缴拨款项，做到账实相符、账证相符、账表相符、表表相符。

（二）按照规定的时间结账，不得提前或者延迟。

（三）根据预算会计核算生成的数据、财政部门对预算的批复文件等编制决算，如实反映年度内全部收支，不得以估计数据替代，不得弄虚作假。

第十三条 各级政府财政部门、各部门、各单位应当按规定审核部门决算，主要内容包括：

（一）审核决算编制范围是否完整，是否有漏报和重复编报情况。

（二）审核决算报表是否合规、准确、完整。

（三）审核报表说明和决算分析是否符合决算编制规定。

第十四条 各部门对所属各单位的纸质报表、电子数据以及相关资料，按照相关规定及要求组织审核。

各级政府财政部门对本级各部门以及下级政府财政部门汇总的部门决算纸质报表、电子数据以及相关资料，按照相关规定及要求组织审核。

第十五条 各级政府财政部门、各部门发现决算编制不符合规定，存在漏报、重报、虚报、瞒报、错报等问题的，应当要求有关单位限期纠正。

第十六条 各部门在审核汇总所属各单位决算基础上，连同本部门自身的决算收入和支出等数据，汇编成本部门决算并附报表说明和决算分析等资料，经部门负责人签章后，在规定期限内报本级政府财政部门。

第十七条 财政部依法依规组织中央部门编制决算草案，报经国务院审定后提请全国人民代表大会常务委员会审查和批准。

地方各级政府财政部门根据本级人民代表大会常务委员会规定，组织本级部门编制、报送决算草案。

第十八条 地方各级政府财政部门应当逐级汇总本级各部门和下一

财政部关于印发《部门决算管理办法》的通知

级政府财政部门报送的部门决算，在规定期限内报送上一级政府财政部门。

第四章 批复和信息公开

第十九条 各级政府财政部门应当在本级人民代表大会常务委员会批准本级政府决算后二十日内，向本级各部门批复决算。

各部门应当在接到本级政府财政部门批复的本部门决算后十五日内，向所属单位批复决算。

第二十条 决算批复内容应当与预算批复相衔接，主要包括收入、支出、结转和结余，以及其他相关决算数据。

各级政府财政部门、各部门根据管理需要，在决算批复文件中提出决算审核中发现的主要问题及改进财政财务管理的意见。

第二十一条 各部门、各单位应当根据决算批复文件、审核审计意见等，办理预算执行调整事项，并按照政府会计准则制度规定进行会计处理。

第二十二条 各级人民代表大会常务委员会批准本级决算后，按照相关制度规定，部门决算数据确需变动的，调整下一年度决算报表年初数。

第二十三条 各部门、各单位是决算公开的主体。除涉及国家秘密的内容外，各部门、各单位应当按照有关规定，向社会公开经批复的决算。

第二十四条 各部门应当自本级政府财政部门批复决算后二十日内向社会公开决算。

各单位应当自部门批复本单位决算后二十日内向社会公开决算。

第二十五条　各部门、各单位应当以本部门、本单位门户网站为主要平台公开决算，并保持长期公开状态。

未设置门户网站的，通过本级政府门户网站、上级部门门户网站公开决算，或通过政府公报、报刊、广播、电视等公开决算。

第二十六条　各部门应当制定有关工作规范和工作方案，明确单位决算公开的时间、内容、方式、程序等，指导单位妥善处理涉密信息。

各级政府财政部门应当加强对决算信息公开工作的协调和业务指导。

第二十七条　各部门应当根据本级政府财政部门要求，报告本部门的决算公开情况。

地方各级政府财政部门应当根据上一级政府财政部门要求，报告本地区的部门决算公开情况。

第五章　分析应用和数据资料管理

第二十八条　各级政府财政部门、各部门、各单位应当加强对决算数据和预算绩效的分析，汇编分析资料，撰写分析报告，强化决算分析结果的反馈和运用，及时解决决算反映的问题，发挥决算对预算编制、执行以及财务管理的促进作用。

第二十九条　各级政府财政部门、各部门、各单位应当充分利用信息技术，推动部门决算数据共享工作，提高决算数据的应用质效。

第三十条　各级政府财政部门、各部门、各单位应当按照《会计档案管理办法》有关规定，采取必要措施，对部门决算数据资料进行管理和维护。

部门决算数据资料包括以各种介质存放的决算报表、报表说明、决算分析等。

第三十一条 部门决算数据资料涉及国家秘密的,各级政府财政部门、各部门、各单位应当依法严格执行保密规定,既确保国家秘密安全,又便利信息资源合理利用。

第六章 管理职责

第三十二条 财政部负责制定部门决算报告体系,管理部门决算软件业务需求,负责部门决算工作布置、审核汇总和数据管理;组织中央部门向国务院和全国人民代表大会常务委员会报送决算草案;组织中央部门决算审核、批复和公开工作;指导地方政府财政部门开展部门决算管理工作。

财政部各地监管局根据授权,开展属地中央预算单位决算审核工作。

地方各级政府财政部门根据上级政府财政部门的部署,开展本级部门决算管理工作,并指导下级政府财政部门开展部门决算管理工作。

第三十三条 各部门、各单位是本部门、本单位的决算管理主体,对决算的规范性、真实性、准确性、完整性负责。

各部门根据本级政府财政部门的部署,组织、指导本部门所属各单位决算布置、审核、汇总报送、批复、公开、分析应用以及数据资料管理等工作。

各单位按照主管部门的布置,做好本单位决算管理工作。

第三十四条 未依法依规编制、报送、批复、公开决算,以及故意漏报、瞒报以及编报虚假决算信息的行为,按照《中华人民共和国预算法》

《中华人民共和国会计法》《财政违法行为处罚处分条例》等国家有关规定予以处理。

第七章 附 则

第三十五条 地方各级政府财政部门、各部门可以依据本办法，结合工作实际，制定具体办法。

第三十六条 本办法自 2022 年 1 月 1 日起施行。2013 年 12 月 10 日财政部发布的《部门决算管理制度》（财库〔2013〕209 号）同时废止。

财政部 教育部关于印发《中小学幼儿园教师国家级培训计划资金管理办法》的通知

财教〔2021〕55号

有关省、自治区、直辖市财政厅（局）、教育厅（局、教委），新疆生产建设兵团财政局、教育局：

为规范和加强中小学幼儿园教师国家级培训计划资金管理，提高资金使用效益，现将《中小学幼儿园教师国家级培训计划资金管理办法》印发给你们，请遵照执行。

附件：中小学幼儿园教师国家级培训计划资金管理办法

财政部　教育部
2021年4月1日

附件：

中小学幼儿园教师国家级培训计划资金管理办法

第一条 为规范和加强中小学幼儿园教师国家级培训计划资金管理，提高资金使用效益，根据国家预算管理有关规定，制定本办法。

第二条 本办法所称中小学幼儿园教师国家级培训计划资金（以下称补助资金），是指中央财政用于支持中西部地区开展普通中小学幼儿园教师培训的转移支付资金。实施期限根据教育领域中央与地方财政事权和支出责任划分、支持教师队伍建设政策等确定。

第三条 补助资金管理遵循"中央引导、省级统筹，突出重点、讲求绩效，规范透明、强化监督"的原则。

第四条 补助资金由财政部、教育部根据党中央、国务院有关决策部署和新时代教师培训工作重点确定支持内容。

第五条 补助资金主要用于补助培训期间直接发生的各项费用支出，具体包括：

（一）住宿费是指参训人员培训期间发生的租住房间的费用。

（二）伙食费是指参训人员培训期间发生的用餐费用。

（三）培训场地及设备费是指用于培训的会议室、教室或实验室租金、网络研修平台和相关设备租金。

（四）讲课费是指聘请师资授课所支付的必要报酬。

（五）培训资料费是指培训期间必要的学习资料费、网络课程资源费及办公用品费。

（六）交通费是指用于接送以及统一组织的与培训有关的考察、调研等发生的交通支出。参训人员外出培训发生的交通费，按照相关规定回所在单位报销。

（七）其他费用是指现场教学费、文体活动费、医药费以及授课教师交通、食宿等支出。

各省级财政、教育部门要根据当地物价水平、国家和各省（区、市）有关培训费管理规定，本着厉行勤俭节约的原则，结合实际合理确定具体指导标准。

第六条　补助资金由财政部会同教育部共同管理。教育部负责审核地方提出的区域绩效目标等相关材料和数据，提供资金测算需要的基础数据，并对提供的基础数据的准确性、及时性负责。财政部根据预算管理相关规定，会同教育部研究确定有关省份补助资金预算金额、资金的整体绩效目标。

省级财政、教育部门负责明确省级及省以下各级财政、教育部门在基础数据审核、资金安排、使用管理等方面的责任，切实加强资金管理。

第七条　补助资金采取因素法分配。分配因素及其权重和计算公式如下：

基础因素（权重80%）下设各省份农村中小学幼儿园专任教师数、巩固脱贫攻坚成果同乡村振兴有效衔接、落实中央指示要求等子因素；投入因素（权重20%）下设省级教师培训投入情况等子因素。各因素数据主要通过相关统计资料、各省份资金申报材料获得。

财政部会同教育部综合考虑各地工作进展等情况，研究确定绩效调节系数，对资金分配情况进行适当调节。

计算公式为：

某省份补助资金=（该省份基础因素/∑有关省份基础因素×权重+该省份投入因素/∑有关省份投入因素×权重）×补助资金年度预算总额×绩效调节系数

财政部、教育部根据党中央、国务院有关决策部署和教师队伍建设新形势等情况，适时调整完善相关分配因素、权重、计算公式等。

第八条 省级财政、教育部门应当于每年 2 月底前向财政部、教育部报送当年补助资金申报材料，并抄送财政部当地监管局。申报材料主要包括：

（一）上年度工作总结，包括上年度补助资金使用情况、年度绩效目标完成情况、绩效评价结果、地方财政投入情况、主要管理措施、问题分析及对策等。

（二）当年工作计划，主要包括当年全省（区、市）工作目标和补助资金区域绩效目标、重点任务和资金安排计划，绩效目标要指向明确、细化量化、合理可行、相应匹配。

（三）上年度省级财政安排用于中小学幼儿园教师方面的补助资金统计表及相应预算文件。

第九条 财政部于每年全国人民代表大会批准中央预算后三十日内，会同教育部正式下达补助资金预算，并抄送财政部当地监管局。每年 10 月 31 日前，提前下达下一年度补助资金预计数。省级财政在收到资金预算后，应当会同省级教育部门在三十日内按照预算级次合理分配、及时下达本行政区域县级以上各级政府部门，并抄送财政部当地监管局。

第十条 补助资金支付执行国库集中支付制度。涉及政府采购的，应当按照政府采购法律法规和有关制度执行。

第十一条　省级财政、教育部门在分配补助资金时，应当结合本地区年度重点工作和省级财政安排相关资金，加大省级统筹力度，重点向革命老区、边疆地区、民族地区和脱贫地区倾斜。

地方各级财政、教育部门应当落实资金管理主体责任，加强区域内相关教育经费的统筹安排和使用，指导和督促本地区中小学幼儿园健全财务、会计、资产管理制度。加强预算管理，细化预算编制，硬化预算执行，强化预算监督；规范财务管理，确保资金使用安全、规范和高效。

各级财政、教育部门要加强财政风险控制，强化流程控制、依法合规分配和使用资金，实行不相容岗位（职责）分离控制。

第十二条　培训任务承担单位要按照预算和国库管理等有关规定，建立健全内部管理机制，制定绩效考核和内部人员激励措施，加快预算执行进度。

第十三条　补助资金原则上应在当年执行完毕，年度未支出的资金按财政部结转结余资金管理有关规定处理。

第十四条　各级财政、教育部门要按照全面实施预算绩效管理的要求，建立健全全过程预算绩效管理机制，按规定科学合理设定绩效目标，对照绩效目标做好绩效监控，认真组织开展绩效评价，强化评价结果应用，做好绩效信息公开，提高补助资金配置效率和使用效益。财政部、教育部根据工作需要适时组织开展重点绩效评价。

第十五条　财政部各地监管局应当按照工作职责和财政部要求，对补助资金实施监管。地方各级财政部门应当会同同级教育部门，按照各自职责加强材料审核申报、资金使用管理等工作，要建立"谁使用、谁负责"的责任机制。严禁将资金用于平衡预算、偿还债务、支付利息、对外投资等支出，不得从资金中提取工作经费或管理经费。

第十六条 各级财政、教育部门及其工作人员、申报使用补助资金的部门、单位及个人存在违法违规行为的,依法责令改正;对负有责任的领导人员和直接责任人员依法给予处分;涉嫌犯罪的,依法移送有关机关处理。

第十七条 本办法由财政部、教育部负责解释。各省级财政、教育部门可以根据本办法规定,结合本地实际,制定具体管理办法,报财政部、教育部备案,并抄送财政部当地监管局。

第十八条 本办法自印发之日起施行。《财政部 教育部关于印发〈中小学幼儿园教师国家级培训计划资金管理办法〉的通知》(财教〔2019〕257号)同时废止。

财政部 教育部关于印发《城乡义务教育补助经费管理办法》的通知

财教〔2021〕56号

各省、自治区、直辖市、计划单列市财政厅（局）、教育厅（局、教委），新疆生产建设兵团财政局、教育局：

为规范和加强城乡义务教育补助经费管理，提高资金使用效益，经国务院同意，现将《城乡义务教育补助经费管理办法》印发给你们，请遵照执行。

附件：城乡义务教育补助经费管理办法

财政部 教育部
2021年4月1日

附件：

城乡义务教育补助经费管理办法

第一条 为加强城乡义务教育补助经费管理，提高资金使用效益，推进义务教育均衡发展，根据国家预算管理有关规定，制定本办法。

第二条 本办法所称城乡义务教育补助经费（以下称补助经费），是指中央财政用于支持城乡义务教育发展的转移支付资金。本办法所称城市、农村地区划分标准：国家统计局最新版本的《统计用区划代码》中的第5-6位（区县代码）为01-20且《统计用城乡划分代码》中的第13-15位（城乡分类代码）为111的主城区为城市，其他地区为农村。

第三条 补助经费管理遵循"城乡统一、重在农村，统筹安排、突出重点，客观公正、规范透明，注重绩效、强化监督"的原则。

第四条 现阶段，补助经费支持方向包括：

（一）落实城乡义务教育经费保障机制。

1.对城乡义务教育学生（含民办学校学生）免除学杂费、免费提供教科书、对家庭经济困难学生补助生活费。民办学校学生由学校按照获得的生均公用经费补助免除学杂费。免费提供国家规定课程教科书和免费为小学一年级新生提供正版学生字典的补助标准由国家统一制定，所需资金由中央财政全额承担（含以2016年为基数核定的出版发行少数民族文字教材亏损补贴）。家庭经济困难学生生活补助资金由中央与地方按规定比例分担，其中家庭经济困难寄宿生生活补助国家基础标准由国家统一制定，并按国家基础标准的一定比例核定家庭经济困难非寄宿生生活补助标准。

2. 对城乡义务教育学校（含民办学校）按照不低于生均公用经费基准定额的标准补助公用经费，并适当提高寄宿制学校、规模较小学校、北方取暖地区学校、特殊教育学校和随班就读残疾学生的公用经费补助水平。城乡义务教育生均公用经费基准定额由国家统一制定。公用经费补助资金由中央与地方按规定比例分担，用于保障学校正常运转、完成教育教学活动和其他日常工作任务等方面支出，具体支出范围包括：教学业务与管理、教师培训、实验实习、文体活动、水电、取暖、交通差旅、邮电、仪器设备及图书资料等购置，房屋、建筑物及仪器设备的日常维修维护等。公用经费补助资金不得用于教职工福利、临时聘用人员工资等人员经费，基本建设投资，偿还债务等方面的支出。其中，教师培训费按照学校年度公用经费预算总额的5%安排，用于教师按照学校年度培训计划参加培训所需的差旅费、伙食补助费、资料费和住宿费等开支。

3. 巩固完善农村义务教育学校校舍安全保障长效机制，支持公办学校维修改造、抗震加固、改扩建校舍及其附属设施。公办学校校舍单位面积补助测算标准由国家统一制定，所需资金由中央与地方按规定比例分担。

4. 对地方落实乡村教师生活补助等政策给予综合奖补，奖补资金根据奖补标准、调整系数等绩效因素核定，地方可统筹用于城乡义务教育经费保障机制相关支出。

（二）实施农村义务教育阶段学校教师特设岗位计划，中央财政对特岗教师给予工资性补助，补助资金按规定据实结算。

（三）实施农村义务教育学生营养改善计划。国家统一制定学生营养膳食补助国家基础标准。国家试点地区营养膳食补助所需资金，由中央财政全额承担，用于向学生提供等值优质的食品，不得以现金形式直接发放，不得用于补贴教职工伙食、学校公用经费，不得用于劳务费、宣传费、运输费等工作经费；对于地方试点地区，中央财政给予生均定额奖补。

第五条 财政部、教育部根据党中央、国务院有关决策部署、义务教育改革发展实际以及财力状况适时调整相关补助标准、分配因素及计算公式，并按规定报经国务院批准后执行。现行补助标准、分配因素和计算方法详见附表。

城乡义务教育补助经费分配公式为：

某省份城乡义务教育补助经费＝城乡义务教育经费保障机制资金＋特岗教师工资性补助资金＋学生营养改善计划补助资金

第六条 省级财政、教育部门应当于每年1月底前将当年补助经费申报材料送财政部当地监管局审核。监管局采取材料审核、实地检查等方式，对申报材料中反映的政策落实和资金使用管理情况进行审核，向财政部出具审核意见。经监管局审核后，省级财政、教育部门于2月底前将申报材料报送财政部、教育部。

申报材料主要包括：

（一）上年度工作总结，主要包括上年度补助经费使用情况、年度绩效目标完成情况、地方财政投入情况、主要管理措施、问题分析及对策。

（二）当年工作计划，主要包括当年全省义务教育工作目标、补助经费区域绩效目标表、重点任务和资金安排计划，绩效指标要指向明确、细化量化、合理可行、相应匹配。

第七条 补助经费由财政部、教育部共同管理。教育部负责审核地方提出的区域绩效目标等相关材料和数据,提供资金测算需要的基础数据,并对提供的基础数据的准确性、及时性负责。财政部根据预算管理相关规定,会同教育部研究确定各省份补助经费预算金额、补助经费整体绩效目标。省级财政、教育部门负责明确省级及省以下各级财政、教育部门在基础数据审核、经费分担、资金使用管理等方面的责任,切实加强资金管理。

第八条 财政部于每年全国人民代表大会批准中央预算后三十日内,会同教育部正式下达补助经费预算,并抄送财政部当地监管局。每年10月31日前,提前下达下一年度补助经费预计数。省级财政部门在收到中央财政补助经费预算后,应当会同教育部门在三十日内按照预算级次合理分配、及时下达本行政区域县级以上各级政府部门,并抄送财政部当地监管局。

第九条 补助经费支付执行国库集中支付制度。涉及政府采购的,按照政府采购有关法律制度执行,其中国家课程免费教科书由省级教育、财政部门结合当地实际,按政府采购有关规定统一组织采购。

第十条 省级财政、教育部门在分配补助经费时,应当结合本地区年度义务教育重点工作和本省省级财政安排的城乡义务教育补助经费,加大省级统筹力度,重点向农村地区倾斜,向边远地区、脱贫地区、民族地区、革命老区倾斜。省级财政、教育部门要按责任、按规定切实落实应承担的资金;合理界定学生贫困面,提高资助的精准度;合理确定校舍安全保障长效机制项目管理的具体级次和实施办法,做好与发展改革部门安排基本建设项目等各渠道资金的统筹和对接,防止资金、项目安排重复交叉或缺位;统筹落实好特岗教师在聘任期间的工资津补贴等政策;指导省以下各级有关部门科学确定营养改善计划供餐模式和经费补助方式。

第十一条 县（区）级财政、教育部门应当落实经费管理的主体责任，加强区域内相关教育经费的统筹安排和使用，兼顾不同规模学校运转的实际情况，向乡镇寄宿制学校、乡村小规模学校、教学点、薄弱学校倾斜，保障学校基本需求；加强学校预算管理，细化预算编制，硬化预算执行，强化预算监督；规范学校财务管理，确保补助经费使用安全、规范和有效。县（区）级教育部门应会同有关部门定期对辖区内学校校舍进行排查、核实，结合本地学校布局调整等规划，编制校舍安全保障总规划和年度计划，按照本省校舍安全保障长效机制项目管理有关规定，负责组织实施项目，项目实施和资金安排情况，要逐级上报省级教育、财政部门备案。

第十二条 学校应当健全预算管理制度，按照轻重缓急、统筹兼顾的原则安排使用公用经费，既要保证开展日常教育教学活动所需的基本支出，又要适当安排促进学生全面发展所需的活动经费支出；完善内部经费管理办法，细化公用经费等支出范围与标准，加强实物消耗核算，建立规范的经费、实物等管理程序，建立物品采购登记台账，健全物品验收、进出库、保管、领用制度，明确责任，严格管理；健全内部控制制度、经济责任制度等监督制度，依法公开财务信息；做好给予个人有关补助的信息公示工作，接受社会公众监督。

第十三条 地方各级财政、教育部门要按照全面实施预算绩效管理的要求，建立健全全过程预算绩效管理机制，按规定科学合理设定绩效目标，对照绩效目标做好绩效监控、绩效评价，强化绩效结果运用，做好绩效信息公开，提高城乡义务教育补助经费配置效率和使用效益。财政部、教育部根据工作需要适时组织开展重点绩效评价。

第十四条 财政部各地监管局应当按照工作职责和财政部要求,对补助经费实施监管。地方各级财政部门应当会同同级教育部门,按照各自职责加强项目审核申报、经费使用管理等工作,建立"谁使用、谁负责"的责任机制。严禁将补助经费用于平衡预算、偿还债务、支付利息、对外投资等支出,不得从补助经费中提取工作经费或管理经费。

第十五条 各级财政、教育部门及其工作人员、申报使用补助资金的部门、单位及个人存在违法违规行为的,有关部门依法责令改正并给予处罚;对负有责任的领导人员和直接责任人员依法给予处分;涉嫌犯罪的,依法移送有关机关处理。

第十六条 本办法由财政部、教育部负责解释。各省级财政、教育部门应当根据本办法,结合各地实际,制定具体管理办法,报财政部、教育部备案,并抄送财政部当地监管局。

第十七条 本办法自印发之日起施行。《财政部 教育部关于印发〈城乡义务教育补助经费管理办法〉的通知》(财教〔2019〕121号)同时废止。

附:补助标准、分配因素和计算方法

附：

补助标准、分配因素和计算方法

项目		补助标准、分配因素和计算方法
城乡义务教育经费保障机制	公用经费补助	按照在校生数、补助标准和分配系数计算。生均公用经费基准定额为小学650元/年·人、初中850元/年·人；在此基础上，对寄宿制学校按照寄宿生年生均200元标准增加公用经费补助，继续落实农村地区不足100人的规模较小学校按100人核定公用经费和北方地区取暖费（逐省核定取暖费补助标准）等政策；特殊教育学校和随班就读残疾学生按每生每年6000元标准补助。分配系数：第一档中央分担80%；第二档中央分担60%；第三档、第四档、第五档中央分担50%。计算方法：补助经费=［在校生数×（生均公用经费基准定额+取暖费补助标准）+（寄宿生数×200元/年·人）+（残疾学生数×6 000元/年·人）+（农村不足100人的规模较小学校数×100-规模较小学校在校生数）×生均公用经费基准定额］×分配系数。
	国家规定课程免费教科书（含字典）补助	按照在校生数、国家基础标准和循环比例计算。国家基础标准为：小学105元/年·人，循环比例为（75%+25%×35%）；初中180元/年·人，循环比例为（80%+20%×35%）；小学一年级字典14元/年·人。计算方法：补助经费=小学在校生数×105元/年·人×（75%+25%×35%）+初中在校生数×180元/年·人×（80%+20%×35%）+（小学一年级在校生数×14元/年·人）。从2022年1月1日起，循环比例调整为小学（75%+25%×50%）、初中（80%+20%×50%）。
	家庭经济困难学生生活补助	按照家庭经济困难学生数、补助标准和分配系数计算。家庭经济困难寄宿生生活补助国家基础标准为小学1 000元/年·人，初中1 250元/年·人，按国家基础标准50%核定家庭经济困难非寄宿生生活补助标准。分配系数为0.5。计算方法：补助经费=家庭经济困难寄宿生数×国家基础标准×分配系数+家庭经济困难非寄宿生数×补助标准×分配系数。

（续表）

项目		补助标准、分配因素和计算方法
城乡义务教育经费保障机制	农村校舍安全保障长效机制补助	按照农村在校生数、生均建筑面积标准、单位面积补助测算标准、分配系数等计算。单位面积补助测算标准为东中部地区800元/平方米、西部地区900元/平方米，并适当提高高寒高海拔地区测算标准。根据农村学校维修改造成本和财力情况，适时调整单位面积补助测算标准。分配系数：第一档中央分担80%；第二档中央分担60%；第三档中央分担50%；第四档中央分担30%；第五档中央分担10%。计算方法：补助经费＝[（农村在校生数×生均建筑面积标准－安全校舍面积）×折旧率1＋安全校舍面积×折旧率2]×单位面积补助测算标准×分配系数。其中：折旧率1为1/30年，折旧率2为1/50年。
	综合奖补	对落实乡村教师生活补助政策的地区，按照奖补标准、调整系数等绩效因素计算。奖补标准为2 400元/年·人；以各地乡村教师年生活补助标准与奖补标准的比值为参考值，分档确定调整系数（参考值≥2，调整系数为2；1.5≤参考值<2，调整系数为1.5；1≤参考值<1.5，调整系数为1；参考值<1，调整系数为0.5）。计算方法：奖补经费＝享受政策教师数×奖补标准×调整系数。在前述基础上，对落实城乡义务教育相关政策成效明显的省份给予适当奖励。
特岗教师工资性补助		按照在岗特岗教师数和补助标准计算。补助标准：西部地区3.82万元/年·人，中部地区3.52万元/年·人。计算方法：补助经费＝在岗特岗教师数×补助标准。
学生营养膳食补助		按照享受政策学生数、补助标准和实际补助天数计算。国家基础标准为4元/天·人；对于符合条件的地方试点地区，中央财政按3元/天·人给予生均定额奖补。计算方法：补助经费＝国家试点学生数×国家基础标准×实际补助天数＋地方试点学生数×生均定额奖补标准×实际补助天数。

注：分配系数中提及的第一档至第五档的范围，按照《国务院办公厅关于印发教育领域中央与地方财政事权和支出责任划分改革方案的通知》（国办发〔2019〕27号）确定。

财政部 教育部关于印发《特殊教育补助资金管理办法》的通知

财教〔2021〕72号

有关省、自治区、直辖市财政厅（局）、教育厅（局、教委）：

为规范和加强特殊教育补助资金管理，提高资金使用效益，我们对《特殊教育补助资金管理办法》进行了修订，现印发给你们，请遵照执行。

附件：特殊教育补助资金管理办法

财政部 教育部
2021年4月10日

财政部 教育部关于印发《特殊教育补助资金管理办法》的通知

附件：

特殊教育补助资金管理办法

第一条 为规范和加强特殊教育补助资金管理，提高资金使用效益，根据国家预算管理有关规定，制定本办法。

第二条 本办法所称特殊教育补助资金（以下简称补助资金），是指中央财政用于支持特殊教育发展的转移支付资金。实施期限根据教育领域中央与地方财政事权和支出责任划分改革方案、支持特殊教育改革发展政策等确定。

第三条 补助资金遵循"中央引导、省级统筹、突出重点、讲求绩效、规范透明、强化监督"的原则。

第四条 补助资金支持范围为全国独立设置的特殊教育学校和招收较多残疾学生随班就读的普通中小学校。重点支持中西部省份和东部部分困难地区。补助资金主要用于以下方面：

（一）支持特殊教育学校改善办学条件（不含新建），配备特殊教育专用设备设施和仪器；对特殊教育学校和随班就读学生较多的普通学校进行无障碍设施改造。

（二）支持承担特殊教育资源中心（含孤独症儿童教育中心）职能的学校和设置特殊教育资源教室的普通学校配置必要的设施设备。

（三）支持向重度残疾学生接受义务教育提供送教上门服务，为送教上门的教师提供必要的交通补助；支持普通中小学校创设融合校园文化环境，推进融合教育。

第五条　补助资金由财政部会同教育部共同管理。教育部负责审核地方提供的区域绩效目标等相关材料和数据，提供资金测算需要的基础数据，并对基础数据准确性、及时性负责。财政部根据预算管理相关规定，会同教育部研究确定有关省份资金预算金额、资金的整体绩效目标。

省级财政、教育部门明确省级及省以下各级财政、教育部门在基础数据审核、资金安排、使用管理等方面的责任，切实加强资金管理。

第六条　补助资金采取因素法分配。按照基础因素、投入因素分配到有关省份。其中：

基础因素（权重80%）主要考虑特殊教育事业发展、教师队伍建设、改革创新等因素。各因素数据通过相关统计资料获得。

投入因素（权重20%）主要考虑地方财政努力程度等因素。各因素数据通过相关统计资料获得。

财政部会同教育部综合考虑各地工作进展等情况，研究确定绩效调节系数，对资金分配情况进行适当调节。

计算公式为：

某省份补助资金＝（该省份基础因素/∑有关省份基础因素×权重＋该省份投入因素/∑有关省份投入因素×权重）×补助资金年度预算资金总额×绩效调节系数

财政部、教育部根据党中央、国务院有关决策部署和特殊教育改革发展新形势等情况，适时调整完善相关分配因素、权重、计算公式等。

第七条　省级财政、教育部门应当于每年2月底前，向财政部、教育部报送当年补助资金申报材料，并同时抄送财政部当地监管局。申报材料主要包括：

（一）上年度工作总结，包括上年度补助资金使用情况、年度绩效目标完成情况、绩效评价结果、地方财政投入情况、主要管理措施、问题分析及对策等。

（二）当年工作计划，主要包括当年全省工作目标和补助资金区域绩效目标、重点任务和资金安排计划，绩效指标要指向明确、细化量化、合理可行、相应匹配。

第八条　财政部于每年全国人民代表大会批准中央预算后三十日内，会同教育部正式下达资金预算，并抄送财政部有关监管局。每年10月31日前，提前下达下一年度资金预计数。省级财政在收到资金预算后，应当会同省级教育部门在三十日内按照预算级次合理分配、及时下达本行政区域县级以上各级政府部门，并抄送财政部当地监管局。

第九条　补助资金支付执行国库集中支付制度。涉及政府采购的，按照政府采购法律法规和有关制度执行。

第十条　省级财政、教育部门在分配补助资金时，应当结合本地区年度重点工作和省级财政安排相关资金，加大省级统筹力度，做好与发展改革部门安排基本建设项目等各渠道资金的统筹和对接，防止资金、项目安排重复交叉或缺位。

县（区）级财政、教育部门应当落实资金管理主体责任，加强区域内相关教育经费的统筹安排和使用，指导和督促本地区特殊教育学校健全财务、会计、资产管理制度。加强特殊教育学校预算管理，细化预算编制，硬化预算执行，强化预算监督；规范学校财务管理，确保资金使用安全、规范和高效。

各级财政、教育部门要加强财政风险控制，强化流程控制、依法合规分配和使用资金，实行不相容岗位（职责）分离控制。

第十一条　补助资金原则上应在当年执行完毕，年度未支出的资金按财政部结转结余资金管理有关规定处理。

第十二条　各级财政、教育部门要按照全面实施预算绩效管理的要求，建立健全全过程预算绩效管理机制，按规定科学合理设定绩效目标，对照绩效目标做好绩效监控，认真组织开展绩效评价，强化评价结果应用，做好绩效信息公开，提高资金配置效率和使用效益。财政部根据工作需要适时组织开展重点绩效评价。

第十三条　财政部各地监管局应当按照工作职责和财政部要求，对资金实施监管。地方各级财政部门应当会同同级教育部门，按照各自职责加强项目审核申报、经费使用管理等工作，建立"谁使用、谁负责"的责任机制。严禁将资金用于平衡预算、偿还债务、支付利息、对外投资等支出，不得从补助资金中提取工作经费或管理经费。

第十四条　各级财政、教育部门及其工作人员、申报使用补助资金的部门、单位及个人存在违法违规行为的，依法责令改正；对负有责任的领导人员和直接责任人员依法给予处分；涉嫌犯罪的，依法移送有关机关处理。

第十五条　本办法由财政部、教育部负责解释。各级财政、教育部门可以根据本办法，结合各地实际，制定具体管理办法，报财政部、教育部备案，并抄送财政部当地监管局。

第十六条　本办法自印发之日起施行。《财政部　教育部关于印发〈特殊教育补助资金管理办法〉的通知》（财教〔2019〕261号）同时废止。

财政部　教育部关于印发《支持学前教育发展资金管理办法》的通知

财教〔2021〕73号

各省、自治区、直辖市、计划单列市财政厅（局）、教育厅（局、教委），新疆生产建设兵团财政局、教育局：

为规范和加强支持学前教育发展资金管理，提高资金使用效益，我们对《支持学前教育发展资金管理办法》进行了修订，现印发给你们，请遵照执行。

附件：支持学前教育发展资金管理办法

财政部　教育部

2021年4月10日

附件：

支持学前教育发展资金管理办法

第一条 为规范和加强支持学前教育发展资金管理，提高资金使用效益，根据国家预算管理有关规定，制定本办法。

第二条 本办法所称支持学前教育发展资金，是指中央财政用于支持学前教育发展的转移支付资金。实施期限根据教育领域中央与地方财政事权和支出责任划分、学前教育改革发展政策等确定。

第三条 支持学前教育发展资金管理遵循"中央引导、省级统筹、突出重点、讲求绩效、规范透明、强化监督"的原则。

第四条 现阶段，支持学前教育发展资金主要用于以下方面：

（一）支持地方补足普惠性资源短板。坚持公益普惠基本方向，扩大普惠性资源供给，新建改扩建公办幼儿园，理顺机关、企事业单位、街道集体办幼儿园办园体制并向社会提供普惠性服务，扶持普惠性民办园发展等。

（二）支持地方健全普惠性学前教育经费投入机制。落实公办园生均财政拨款标准或生均公用经费标准、普惠性民办园补助标准，建立动态调整机制。

（三）支持地方巩固幼儿资助制度。资助普惠性幼儿园家庭经济困难幼儿、孤儿和残疾儿童接受学前教育。

（四）支持地方提高保教质量。改善普惠性幼儿园办园条件，配备适宜的玩教具和图画书。对能够辐射带动薄弱园开展科学保教的城市优质园和乡镇公办中心园给予支持。

第五条 支持学前教育发展资金由财政部会同教育部共同管理。教育部负责审核地方提出的区域绩效目标等相关材料和数据，提供资金测算需要的基础数据，并对提供的基础数据的准确性、及时性负责。财政部根据预算管理相关规定，会同教育部研究确定有关省份资金预算金额、资金的整体绩效目标。

省级财政、教育部门负责明确省级及省以下各级财政、教育部门在基础数据审核、资金安排、使用管理等方面的责任，切实加强资金管理。

第六条 支持学前教育发展资金采取因素法分配。首先按照中西部地区 90%、东部地区 10%（适当向困难省份倾斜）的区域因素确定分地区资金规模，在此基础上再按基础因素、投入因素分配到有关省份。其中：

基础因素（权重 80%）主要考虑学前教育普及普惠、公办园发展、教师队伍建设、巩固脱贫攻坚成果同乡村振兴有效衔接等因素。各因素数据通过相关统计资料获得。

投入因素（权重 20%）主要考虑地方财政努力程度、社会力量投入等因素。各因素数据通过相关统计资料获得。

财政部会同教育部综合考虑各地工作进展等情况，研究确定绩效调节系数，对资金分配情况进行适当调节。

计算公式为：

某省份支持学前教育发展资金 =（该省份基础因素 / $\sum$ 有关省份基础因素 × 权重 + 该省份投入因素 / $\sum$ 有关省份投入因素 × 权重）× 支持学前教育发展资金年度预算地区资金总额 × 绩效调节系数

财政部、教育部根据党中央、国务院有关决策部署和学前教育改革发展新形势等情况，适时调整完善相关分配因素、权重、计算公式等。

第七条 省级财政、教育部门应当于每年2月底前向财政部、教育部报送当年支持学前教育发展资金申报材料，并抄送财政部当地监管局。申报材料主要包括：

（一）上年度工作总结，包括上年度支持学前教育发展资金使用情况、年度绩效目标完成情况、绩效评价结果、地方财政投入情况、主要管理措施、问题分析及对策等。

（二）当年工作计划，主要包括当年全省工作目标和支持学前教育发展资金区域绩效目标、重点任务和资金安排计划，绩效指标要指向明确、细化量化、合理可行、相应匹配。

第八条 财政部于每年全国人民代表大会批准中央预算后三十日内，会同教育部正式下达预算，并抄送财政部当地监管局。每年10月31日前，提前下达下一年度资金预计数。省级财政在收到资金预算后，应当会同省级教育部门在三十日内按照预算级次合理分配、及时下达本行政区域县级以上各级政府部门，并抄送财政部当地监管局。

第九条 支持学前教育发展资金支付执行国库集中支付制度。涉及政府采购的，按照政府采购有关法律法规和有关制度执行。属于基本建设的项目，应当严格履行基本建设程序，执行相关建设标准和要求，确保工程质量。

第十条 省级财政、教育部门在分配支持学前教育发展资金时，应当结合本地区年度重点工作和省级财政安排相关资金，加大省级统筹力度，重点向农村地区、革命老区、边疆地区、民族地区和脱贫地区倾斜。要做好与发展改革部门安排基本建设项目等各渠道资金的统筹和对接，防止资金、项目安排重复交叉或缺位。

县（区）级财政、教育部门应当落实资金管理主体责任，加强区域内相关教育经费的统筹安排和使用，指导和督促本地区幼儿园健全财务、会计、资产管理制度。加强幼儿园预算管理，细化预算编制，硬化预算执行，强化预算监督；规范幼儿园财务管理，确保资金使用安全、规范和高效。

各级财政、教育部门要加强财政风险控制，强化流程控制、依法合规分配和使用资金，实行不相容岗位（职责）分离控制。

第十一条 支持学前教育发展资金原则上应在当年执行完毕，年度未支出的资金按财政部结转结余资金管理有关规定处理。

第十二条 各级财政、教育部门要按照全面实施预算绩效管理的要求，建立健全全过程预算绩效管理机制，按规定科学合理设定绩效目标，对照绩效目标做好绩效监控，认真组织开展绩效评价，强化评价结果应用，做好绩效信息公开，提高资金配置效率和使用效益。财政部、教育部根据工作需要适时组织开展重点绩效评价。

第十三条 财政部各地监管局应当按照工作职责和财政部要求，对资金实施监管。地方各级财政部门应当会同同级教育部门，按照各自职责加强项目审核申报、经费使用管理等工作，建立"谁使用、谁负责"的责任机制。严禁将资金用于平衡预算、偿还债务、支付利息、对外投资等支出，不得从资金中提取工作经费或管理经费。

第十四条 各级财政、教育部门及其工作人员、申报使用补助资金的部门、单位及个人存在违法违规行为的，依法责令改正；对负有责任的领导人员和直接责任人员依法给予处分；涉嫌犯罪的，依法移送有关机关处理。

第十五条　本办法由财政部、教育部负责解释。各省级财政、教育部门可以根据本办法，结合各地实际，制定具体管理办法，报财政部、教育部备案，并抄送财政部当地监管局。

第十六条　本办法自印发之日起施行。《财政部　教育部关于印发〈中央财政支持学前教育发展资金管理办法〉的通知》（财教〔2019〕256号）同时废止。

财政部 教育部关于印发《改善普通中学校办学条件补助资金管理办法》的通知

财教〔2021〕74号

有关省、自治区、直辖市财政厅（局）、教育厅（局、教委），新疆生产建设兵团财政局、教育局：

为规范和加强改善普通高中学校办学条件补助资金管理，提高资金使用效益，我们对《改善普通高中学校办学条件补助资金管理办法》进行了修订，现印发给你们，请遵照执行。

附件：改善普通高中学校办学条件补助资金管理办法

财政部 教育部
2021年4月10日

附件:

改善普通高中学校办学条件补助资金管理办法

第一条 为规范和加强改善普通高中学校办学条件补助资金管理,提高资金使用效益,根据国家预算管理有关规定,制定本办法。

第二条 本办法所称改善普通高中学校办学条件补助资金(以下简称补助资金),是指中央财政用于支持改善中西部和东部部分困难地区县域普通高中学校基本办学条件的转移支付资金。实施期限根据教育领域中央与地方财政事权和支出责任划分改革方案、支持普通高中教育改革发展政策等确定。

本办法的县域普通高中是指县级人民政府所管辖的教学和生活设施等不能满足基本需求、尚未达到国家基本办学条件标准的公办普通高中学校、完全中学或十二年一贯制学校的高中部。

第三条 补助资金管理遵循"中央引导、省级统筹、突出重点、讲求绩效、规范透明、强化监督"的原则。

第四条 补助资金主要用于以下方面:

(一)支持学校校舍改扩建,扩大教育资源,优化校舍功能,消除"大班额"。

(二)支持学校配置图书和教学仪器设备以及体育运动场等附属设施建设。

第五条 补助资金由财政部会同教育部共同管理。教育部负责审核

财政部 教育部关于印发《改善普通中学校办学条件补助资金管理办法》的通知

地方提出的区域绩效目标等相关材料和数据，提供资金测算需要的基础数据，并对基础数据的准确性、及时性负责。财政部根据预算管理相关规定，会同教育部研究确定有关省份资金预算金额、资金的整体绩效目标。

省级财政、教育部门明确省级及省以下各级财政、教育部门在基础数据审核、资金安排、使用管理等方面的责任，切实加强资金管理。

第六条 补助资金采取因素法分配。按照基础因素、投入因素分配到有关省份，适当向困难省份倾斜。其中：

基础因素（权重80%）主要考虑普通高中事业发展、基本办学条件、巩固脱贫攻坚成果与乡村振兴等因素。各因素数据通过相关统计资料获得。

投入因素（权重20%）主要考虑地方努力程度等因素。各因素数据通过相关统计资料获得。

财政部会同教育部综合考虑各地工作进展等情况，研究确定绩效调节系数，对资金分配情况进行适当调节。

计算公式为：

某省份补助资金＝（该省份基础因素/∑有关省份基础因素 × 权重 + 该省份投入因素/∑有关省份投入因素 × 权重）× 补助资金年度预算总额 × 绩效调节系数

财政部、教育部根据党中央、国务院有关决策部署和普通高中教育改革发展新形势等情况，适时调整完善相关分配因素、权重、计算公式等。

第七条 省级财政、教育部门应当于每年2月底前向财政部、教育部报送当年补助资金申报材料，并抄送财政部当地监管局。申报材料主

要包括：

（一）上年度工作总结，包括上年度补助资金使用情况、年度绩效目标完成情况、绩效评价结果、地方财政投入情况、主要管理措施、问题分析及对策等。

（二）当年工作计划，主要包括当年全省（区、市）工作目标和补助资金区域绩效目标、重点任务和资金安排计划，绩效指标要指向明确、细化量化、合理可行、相应匹配。

第八条 财政部于每年全国人民代表大会批准中央预算后三十日内，会同教育部正式下达资金预算，并抄送财政部相关监管局。每年10月31日前，提前下达下一年度资金预计数。省级财政在收到资金预算后，应当会同省级教育部门在三十日内按照预算级次合理分配、及时下达本行政区域县级以上各级政府部门，并抄送财政部当地监管局。

第九条 补助资金支付执行国库集中支付制度。涉及政府采购的，按照政府采购法律法规和有关制度执行。属于基本建设的项目，应当严格履行基本建设程序，执行相关建设标准和要求，确保工程质量。

第十条 省级财政、教育部门在分配补助资金时，应当结合本地区年度重点工作和省级财政安排相关资金，加大省级统筹力度，做好与发展改革部门安排基本建设项目等各渠道资金的统筹和对接，防止资金、项目安排重复交叉或缺位。

县级财政、教育部门应当落实资金管理主体责任，加强区域内相关教育经费的统筹安排和使用，指导和督促本地区普通高中学校健全财务、会计、资产管理制度。加强预算管理，细化预算编制，硬化预算执行，强化预算监督；规范财务管理，确保资金使用安全、规范和高效。

各级财政、教育部门要加强财政风险控制，强化流程控制、依法合规分配和使用资金,实行不相容岗位(职责)分离控制。

第十一条 补助资金原则上应在当年执行完毕,年度未支出的资金按财政部结转结余资金管理有关规定处理。

第十二条 各级财政、教育部门要按照全面实施预算绩效管理的要求,建立健全全过程预算绩效管理机制,按规定科学合理设定绩效目标,对照绩效目标做好绩效监控,认真组织开展绩效评价,强化评价结果应用,做好绩效信息公开,提高资金配置效率和使用效益。财政部根据工作需要适时组织开展重点绩效评价。

第十三条 财政部各地监管局应当按照工作职责和财政部要求,对资金实施监管。地方各级财政部门应当会同同级教育部门,按照各自职责加强项目审核申报、经费使用管理等工作,建立"谁使用、谁负责"的责任机制。严禁将资金用于平衡预算、偿还债务、支付利息、对外投资、人员经费等支出,不得从资金中提取工作经费或管理经费。

第十四条 各级财政、教育部门及其工作人员、申报使用补助资金的部门、单位及个人存在违法违规行为的,依法责令改正;对负有责任的领导人员和直接责任人员依法给予处分;涉嫌犯罪的,依法移送有关机关处理。

第十五条 本办法由财政部、教育部负责解释。各省级财政、教育部门可以根据本办法,结合各地实际,制定具体管理办法,报财政部、教育部备案,并抄送财政部当地监管局。

第十六条 本办法自印发之日起施行。原《财政部 教育部关于印发〈改善普通高中学校办学条件补助资金管理办法〉的通知》(财教〔2019〕262号)同时废止。

财政部 教育部关于印发《义务教育薄弱环节改善与能力提升补助资金管理办法》的通知

财教〔2021〕127号

有关省、自治区、直辖市财政厅（局）、教育厅（教委），新疆生产建设兵团财政局、教育局：

为规范和加强义务教育薄弱环节改善与能力提升补助资金管理，提高资金使用效益，我们对《义务教育薄弱环节改善与能力提升补助资金管理办法》进行了修订，现印发给你们，请遵照执行。

附件：义务教育薄弱环节改善与能力提升补助资金管理办法

财政部 教育部
2021年7月7日

财政部 教育部关于印发《义务教育薄弱环节改善与能力提升补助资金管理办法》的通知

附件：

义务教育薄弱环节改善与能力提升补助资金管理办法

第一条 为规范和加强义务教育薄弱环节改善与能力提升补助资金管理，提高资金使用效益，根据国家预算管理有关规定，制定本办法。

第二条 本办法所称义务教育薄弱环节改善与能力提升补助资金（以下称补助资金），是指中央财政用于支持义务教育发展，改善薄弱环节和提升办学能力的转移支付资金。重点支持中西部地区和东部部分困难地区。实施期限为2021—2025年。

第三条 补助资金管理遵循"中央引导、省级统筹，突出重点、注重绩效，规范透明、强化监督"的原则。

第四条 补助资金主要用于以下方面：

（一）支持改善农村学校基本办学条件，因地制宜加强学校教室、宿舍和食堂等设施建设，配齐洗浴、饮水等学生生活必需的设施设备，改善学校寄宿条件，根据需要设置心理咨询室、图书室等功能教室；按照国家规范要求加强校园安全设施设备建设；支持取暖设施和卫生厕所改造；改善规划保留的乡村小规模学校办学条件，保障教育教学需要。

（二）支持新建、改扩建必要的义务教育学校，有序扩大城镇学位供给，巩固消除"大班额"成果。

（三）支持学校网络设施设备和"三个课堂"建设，配备体育、美育和劳动教育所需必要设施设备，建设必要的体育、美育场地和劳动教育场所，改善校园文化环境。

补助资金支持的学校必须是已列入当地学校布局规划、拟长期保留的义务教育阶段公办学校。完全中学和十二年一贯制学校的高中部以及因打造"重点校"而形成的超大规模学校不纳入支持范围。

礼堂、体育馆、游泳馆（池）、教师周转宿舍和独立建筑的办公楼建设，校舍日常维修改造和抗震加固，零星设备购置，教育行政部门机关及直属非教学机构的建设和设备购置，以及其他超越办学标准的事项，不得列入补助资金使用范围。

第五条　补助资金由财政部会同教育部共同管理。教育部负责审核地方提出的区域绩效目标等相关材料和数据，提供资金测算需要的基础数据，并对提供的基础数据的准确性、及时性负责。财政部根据预算管理相关规定，会同教育部研究确定有关省份补助资金预算金额、资金的整体绩效目标。

省级财政、教育部门负责明确省级及省以下各级财政、教育部门在基础数据审核、资金安排、使用管理等方面的责任，切实加强资金管理。

第六条　补助资金采取因素法分配，首先按照西部、中部、东部各占50%、40%、10%的区域因素确定分地区资金规模，在此基础上再按基础因素、投入因素分配到有关省份，重点向基础薄弱、财力困难的省份倾斜。其中：

基础因素（权重80%），主要考虑学生数等事业发展情况，以及巩固脱贫攻坚成果同乡村振兴有效衔接、落实中央决策部署等因素。各因素数据主要通过相关统计资料获得。

投入因素（权重20%），主要考虑生均一般公共预算教育支出等反映地方财政努力程度的因素。各因素数据主要通过相关统计资料获得。

财政部会同教育部综合考虑各地工作进展等情况，研究确定绩效调节系数，对资金分配情况进行适当调节。

计算公式为：

某省份补助资金=（该省份基础因素/∑有关省份基础因素×权重+该省份投入因素/∑有关省份投入因素×权重）×补助资金年度预算地区资金总额×绩效调节系数

财政部、教育部根据党中央、国务院有关决策部署和义务教育改革发展新形势等情况，适时调整完善相关分配因素、权重、计算公式等。

第七条　省级财政、教育部门应当于每年2月底前向财政部、教育部报送当年补助资金申报材料，并抄送财政部当地监管局。申报材料主要包括：

（一）上年度工作总结，包括上年度补助资金使用情况、年度绩效目标完成情况、绩效评价结果、地方财政投入情况、主要管理措施、问题分析及对策等。

（二）当年工作计划，主要包括当年全省工作目标和补助资金区域绩效目标、重点任务和资金安排计划，绩效指标要指向明确、细化量化、合理可行、相应匹配。

第八条　财政部于每年全国人民代表大会批准中央预算后三十日内，会同教育部正式下达补助资金预算，并抄送财政部当地监管局。每年10月31日前，提前下达下一年度补助资金预计数。省级财政部门在收到补助资金预算后，应当会同省级教育部门在三十日内按照预算级次合理分配、及时下达本行政区域县级以上各级政府部门，并抄送财政部当地监管局。

第九条　补助资金支付执行国库集中支付制度。涉及政府采购的，按照政府采购有关法律法规和有关制度执行。属于基本建设的项目，应当严格履行基本建设程序，执行相关建设标准和要求，确保工程质量。

第十条　省级财政、教育部门在分配补助资金时，应当结合本地区年度重点工作和省级财政安排相关资金，加大省级统筹力度，重点向欠发达地区、民族地区、边境地区、革命老区倾斜。要做好与农村义务教育学校校舍安全保障长效机制、发展改革部门安排基本建设项目等各渠道资金的统筹和对接，防止资金、项目安排重复交叉或缺位。

县（区）级财政、教育部门应当落实资金管理主体责任，加强区域内相关教育经费的统筹安排和使用，兼顾不同规模学校运转的实际情况，坚持"实用、够用、安全、节俭"的原则，严禁超标准建设和豪华建设。要加强学校预算管理，细化预算编制，硬化预算执行，强化预算监督；规范学校财务管理，确保补助资金使用安全、规范和有效。

各级财政、教育部门要加强财政风险控制，强化流程控制、依法合规分配和使用资金，实行不相容岗位（职责）分离控制。

第十一条　各地要切实做好项目前期准备工作，强化项目管理，加快预算执行进度。补助资金原则上应在当年执行完毕，年度未支出的资金按财政部结转结余资金管理有关规定处理。

第十二条　各级财政、教育部门要按照全面实施预算绩效管理的要求，建立健全全过程预算绩效管理机制，按规定科学合理设定绩效目标，对照绩效目标做好绩效监控，认真组织开展绩效评价，强化评价结果运用，做好绩效信息公开，提高补助资金配置效率和使用效益。财政部、教育部根据工作需要适时组织开展重点绩效评价。

第十三条　财政部各地监管局应当按照工作职责和财政部要求，对补助资金实施监管。地方各级财政部门应当会同同级教育部门,按照各自职责加强项目审核申报、经费使用管理等工作,建立"谁使用、谁负责"的责任机制。严禁将补助资金用于平衡预算、偿还债务、支付利息、对外投资等支出,不得从补助资金中提取工作经费或管理经费。

第十四条 各级财政、教育部门及其工作人员、申报使用补助资金的部门、单位及个人存在违法违规行为的,依法责令改正并追究相应责任;涉嫌犯罪的,依法移送有关机关处理。

第十五条 本办法由财政部、教育部负责解释。各省级财政、教育部门可以根据本办法,结合各地实际,制定具体管理办法,报财政部、教育部备案,并抄送财政部当地监管局。

第十六条 本办法自印发之日起施行。《财政部 教育部关于印发〈义务教育薄弱环节改善与能力提升补助资金管理办法〉的通知》(财教〔2019〕100号)同时废止。

财政部　教育部关于印发中央专项彩票公益金支持教育相关项目资金管理办法的通知

财教〔2021〕156号

各省、自治区、直辖市财政厅（局）、教育厅（教委），新疆生产建设兵团财政局、教育局：

为了规范和加强中央专项彩票公益金支持教育项目资金管理，提高资金使用效益，确保项目实施效果，根据《中华人民共和国预算法》及其实施条例、《彩票管理条例》及其实施细则、《彩票公益金管理办法》等有关规定，我们制定了《中央专项彩票公益金中小学生校外研学实践活动项目资金管理办法》《中央专项彩票公益金教育助学项目资金管理办法》《中央专项彩票公益金童语同音计划——幼儿普通话教育项目资金管理办法》和《中央专项彩票公益金宏志助航计划——全国低收入家庭高校毕业生就业帮扶项目资金管理办法》。现印发给你们，请遵照执行。

附件：1.中央专项彩票公益金中小学生校外研学实践活动项目资金管理办法

2.中央专项彩票公益金教育助学项目资金管理办法

3.中央专项彩票公益金童语同音计划——幼儿普通话教育项目

资金管理办法

4.中央专项彩票公益金宏志助航计划——全国低收入家庭高校毕业生就业帮扶项目资金管理办法

财政部　教育部
2021年8月10日

附件1：

中央专项彩票公益金中小学生校外研学实践活动项目资金管理办法

第一章　总　　则

第一条　为了规范和加强中央专项彩票公益金支持中小学生校外研学实践活动项目管理，提高资金使用效益，发展素质教育，提升校外教育质量，落实立德树人根本任务，根据《中华人民共和国预算法》及其实施条例、《彩票管理条例》及其实施细则、《彩票公益金管理办法》等有关规定，制定本办法。

第二条　本办法所称"中小学生校外研学实践活动项目"（以下简称项目），是指使用中央专项彩票公益金支持"全国中小学生研学实践教育基地"（以下简称基地）和"全国中小学生研学实践教育营地"（以下简称营地），开展中小学生研学实践教育活动，帮助中小学生了解国情、开阔眼界、增长知识，着力提高中小学生的社会责任感、创新精神和实践能力。

第三条 基地指教育部命名的，适合中小学生集体前往开展研究性学习和实践活动的优质资源单位。营地指教育部命名的，能够组织广大中小学生集体开展研学实践教育活动，并提供集中食宿、交通等服务的优质资源单位。

第四条 项目管理遵循"引领示范、注重绩效、公开公正、规范透明"的工作原则。

第二章 支持对象与支持标准

第五条 "十四五"时期，根据全国中小学生校外研学实践活动发展需要，进一步完善基地、营地规划布局，每年支持20个新增基地开展研学实践活动，新增基地应未获得过中央专项彩票公益金支持；支持32个营地开展研学实践活动，实行动态调整。

第六条 项目资金原则上按照基地不超过150万元/个/年，营地不超过500万元/个/年的基本标准予以支持。

第七条 基地由主管部门、省级教育行政部门分别推荐，营地由省级教育行政部门推荐，教育部审核认定，并予以授牌。基地、营地的主管部门指和符合基地、营地评选条件的优质资源单位有隶属关系的、对其有直接管理权限的部门或单位。

第八条 申请作为基地的单位，须是独立法人单位并满足下列条件：

（一）具有优秀传统文化、革命传统、国情教育、国防科工、自然生态等适宜开展研学实践活动的优质教育资源。

（二）配备有面向中小学生群体的专业讲解、辅导人员。能结合研学实践教育要求，提供针对性、互动性、趣味性强的讲解服务。具备承接中小学生开展研学实践活动的专业能力，具有适合中小学生研学实践活动的课程。

（三）单位对公众正式开放，运营情况良好。交通便利，适宜中小学生前往。符合公共场所安全的基本要求，有严格的安全管理措施，有针对中小学生群体的特别安全管护措施，各类安全设施设备运作良好。

（四）财务管理体制明确，内部保障机制健全，产权清晰，运行良好，日常运转经费来源稳定；注重预算管理、绩效评价，内部控制与财务制度健全，会计基础工作规范，具备项目管理能力。

（五）能够主动配合教育行政部门工作，为研学实践活动开展提供优惠举措。

（六）近三年来未发生安全事故，没有受到过行政处罚。

第九条 申请作为营地的单位，须是独立法人单位并满足下列条件：

（一）为教育系统所属的公益性青少年校外活动场所、综合实践基地等。

（二）有从事研学实践教育工作的专业队伍；设计规划有不同主题、不同学段、与学校教育内容相衔接的研学实践课程和线路；有中小学生团队接待经验和接待能力。

（三）研学实践活动教育资源丰富，交通便利，周边有若干研学实践教育基地或教育资源，能够满足学生2—5天研学实践教育活动需求。

（四）能够至少同时接待1 000名以上学生集中食宿。内部有基本的医疗保障条件。内部有安全警示标志、有专门的安全应急通道；主要通道和重点部位有24小时、无死角的监控系统；有现场安全教育和安全防护及消防措施，有能满足多方需求的应急预案。

（五）管理机制健全，制度完备，正常运转；运转经费稳定；内部

控制与财务制度健全，会计基础工作规范，具备项目管理实施能力。

（六）近三年来未发生安全事故，没有受到过行政处罚。

第三章 职责分工

第十条 财政部负责审核教育部报送的预算编制建议、批复预算，会同教育部对资金使用情况进行监督检查和绩效管理等。

第十一条 教育部负责按资金使用范围提出预算编制建议、组织预算执行、组织项目实施、健全项目管理制度，并具体进行监督评价和预算绩效管理。对已命名的基地、营地运行情况适时组织评估。

第十二条 主管部门和省级教育行政部门负责制定本行业或本省（自治区、直辖市）中小学生校外研学实践活动项目规划，负责组织项目和预算申报工作，确定项目申报、审核、推荐工作规程，建立完善本行业或本省（自治区、直辖市）项目库，确定年度推荐顺序，待教育部评议核准后组织项目实施。主管部门和省级教育行政部门负有监管责任，对项目进行监督检查和预算绩效管理，加快推进预算执行。

第十三条 基地、营地是具体实施单位，负责制定本单位未成年人校外教育项目实施方案，设定绩效目标并编制项目预算。实施方案应当符合上级要求和校外教育规律，可操作性强。预算编制应当坚持目标相关性、政策相符性和经济合理性原则，按照功能分类和经济分类分别编制。绩效目标设定应当指向明确、细化量化、合理可行。项目预（决）算应当纳入项目实施单位年度预（决）算管理。

第十四条 项目具体实施单位法定代表人是项目执行的直接责任人，对项目实施、资金使用与管理、绩效目标实现结果负全责。基地、营地应当接受所在地教育行政主管部门交办的任务和业务指导。

第十五条　项目预算和绩效目标一经确定，原则上不予调整。确需调整的，应当按照预算管理的规定程序报批。

第四章　资金使用与管理

第十六条　教育部根据预算安排，综合考虑研学实践活动发展需要和项目申报情况，确定年度用于基地、营地项目的具体资金使用方案。

第十七条　项目资金主要用于支持基地、营地开展学生研学实践活动，以及为做好研学实践活动改善教育教学基本条件等方面。

第十八条　开展学生研学实践活动的资金，可用于研学实践活动期间所发生的学生门票、研学实践耗材（用品）等支出。营地还可用于研学实践活动期间所发生的交通、住宿、医疗卫生安全保障等支出。用于支持学生研学实践活动开展的资金，基地不低于年度预算资金安排总额的80%，营地不低于70%。

第十九条　改善教育教学基本条件的资金，可用于研学实践活动发生的课程开发、专业队伍培训、精品路线设计等支出。营地还可以用于与学生食宿、安全密切相关的设备设施购置和维护等支出。

第二十条　项目资金实行专款专用，项目实施单位要对项目资金实行独立核算、专账管理，不得与其他资金混合管理使用。

第二十一条　项目实施单位应当严格执行国家有关法律、法规和财务制度，按照核定的范围和预算使用项目资金。

（一）不得用于基本支出、基本建设、偿还债务、支付利息、对外投资、弥补其他项目资金缺口等。

（二）不得向学生直接发放。

（三）不得用于因公出国（境）费、公务接待费、公务用车购置及

运行费。

（四）不得用于以营利为目的的活动。

（五）不得用于超出委托业务范围的购买服务开支。

（六）不得超标准支付培训、会议、咨询等费用。

（七）不得从项目资金中提取或支付工作经费或管理经费。

（八）不得用于国家禁止列支的其他支出。

（九）不得挪用、挤占项目资金，不得虚列支出，不得违规分包或转包。

第二十二条　属于政府采购管理范围的支出项目，应当按照政府采购法律制度规定执行。凡使用项目资金取得的资产，应当按照国有资产管理有关规定统一管理。

第二十三条　项目资金支付，按照财政国库制度的有关规定执行。

第二十四条　年末未列支的项目资金，须按照国家有关结转和结余资金规定进行管理。

第五章　宣传公告

第二十五条　中央专项彩票公益金资助的基地、营地、研学实践活动和所有宣传材料等，应当以显著方式标明"彩票公益金资助—中国福利彩票和中国体育彩票"标识。同时在显著位置悬挂统一的"全国中小学生研学实践教育基地—中华人民共和国教育部"或"全国中小学生研学实践教育营地—中华人民共和国教育部"标志牌。

第二十六条　教育部应当于每年6月底前，向社会公告上一年度中央专项彩票公益金的使用规模、资助项目、执行情况和实际效果等。具体包括：

（一）项目总体资金规模、支出内容、执行情况等。

（二）每个基地和营地的资金规模、支出内容、执行情况。

（三）项目支出绩效目标及绩效目标完成情况。

（四）其他相关内容。

第六章 绩效管理与监督检查

第二十七条 主管部门和省级教育行政部门组织基地、营地对照项目实施方案和绩效目标开展绩效自评，并根据本行业或本省（自治区、直辖市）中小学生校外教育规划，每年定期开展绩效运行监控与绩效评价，形成评价报告及工作总结，于次年1月底前报送教育部。

第二十八条 教育部根据绩效评价报告及工作总结，选取部分基地、营地进行绩效情况检查。对于项目支出绩效不突出、管理不规范、师生家长不满意、发生安全事故、信息披露失真以及年度预算执行缓慢的项目，要求限期整改。整改后仍不合格的，予以摘牌。

第二十九条 教育部每年3月底前向财政部报送上一年度中央专项彩票公益金使用情况，具体内容包括：

（一）项目组织实施情况。

（二）项目资金使用和结余情况。

（三）项目社会效益和经济效益。

（四）要求报送的其他材料等。

第三十条 财政部、教育部、省级教育行政部门及其工作人员存在违反本办法规定，以及其他滥用职权、玩忽职守、徇私舞弊等违法违规行为的，依法责令改正，对负有责任的领导人员和直接责任人员依法给予处分；涉嫌犯罪的，依法移送有关机关处理。

项目实施单位及个人在资金申报、使用过程中存在违法违规行为的，依照《中华人民共和国预算法》及其实施条例、《财政违法行为处罚处分条例》等国家有关规定追究相应责任；涉嫌犯罪的，依法移送有关机关处理。

第七章　附　　则

第三十一条　本办法由财政部和教育部负责解释，自发布之日起执行。《中央专项彩票公益金支持未成年人校外教育项目管理办法》（教基函〔2019〕10号）同时废止。

附件 2：

中央专项彩票公益金教育助学项目资金管理办法

第一章　总　　则

第一条　为了规范和加强中央专项彩票公益金教育助学项目（以下简称教育助学项目）的管理和实施，提高资金使用效益，根据《中华人民共和国预算法》及其实施条例、《彩票管理条例》及其实施细则、《彩票公益金管理办法》等有关规定，制定本办法。

第二条　本办法所称教育助学项目包括滋蕙计划、励耕计划和润雨计划。

（一）滋蕙计划指使用中央专项彩票公益金资助中西部普通高校家庭经济困难新生，一次性补助其从家庭所在地到被录取院校之间的交通费和入学后短期生活费。

（二）励耕计划指使用中央专项彩票公益金设立困难教师资助项目，资助家庭经济困难教师。

（三）润雨计划指使用中央专项彩票公益金资助遭遇突发紧急事件的学校或相关单位等。

第三条　教育助学项目的管理和实施坚持"公开透明、量入为出、突出重点、专款专用"的原则。

第二章　职责分工

第四条　财政部负责审核教育部报送的预算编制建议、批复预算，

会同教育部对资金使用情况进行监督检查和绩效管理等。

第五条 教育部负责按资金使用范围提出预算编制建议、组织预算执行、组织项目实施、健全项目管理制度，并具体进行监督评价和预算绩效管理。

第六条 中国教育发展基金会（以下简称基金会）受财政部、教育部委托，负责教育助学项目具体操作，编制项目预算，制定项目实施方案、设定绩效目标。

第七条 省级教育行政部门、学生资助管理部门或教育基金会（以下简称省级部门）负责按照核定的实施方案和项目预算组织县级教育行政部门、学生资助管理部门或教育基金会（以下简称县级部门）、学校及相关单位实施项目。

第三章 滋蕙计划

第八条 滋蕙计划的资助范围与对象为中西部地区每年通过高考、高职单招考入全日制普通高等院校（含高职）的家庭经济困难新生。

第九条 申请资助的学生需具备以下条件：

（一）热爱祖国，拥护中国共产党领导；

（二）遵守宪法和法律，遵守学校规章制度；

（三）普通高中及中等职业学校应届毕业生；

（四）参加高考、高职单招，并被全日制普通高等院校（含高职）录取；

（五）家庭经济困难，生活俭朴。

第十条 滋蕙计划应优先资助脱贫不稳定家庭学生、边缘易致贫家庭学生、享受最低生活保障家庭学生、特困供养学生、孤残学生、烈士子女、残疾人子女和因突发事件导致家庭经济困难学生等。

第十一条 滋蕙计划的资助标准为：考入省（自治区、直辖市）内院校的新生每人500元，考入省（自治区、直辖市）外院校的新生每人1 000元。

第十二条 基金会根据相关省（自治区、直辖市）当年高中阶段毕业年级学生人数制定资金分配方案后，于每年5月将资金额度分配到有关省级部门，方案可根据实际情况对重点地域实行倾斜。

第十三条 省级部门综合考虑各地的经济发展水平、上年度各地高考新生录取人数的情况以及录取院校的地域分布等因素，将资助额度逐级分配到各县级部门并将"滋蕙计划资金分配方案及县级教育行政部门信息表"（附件1）上报基金会。

第十四条 基金会按照各省上报的资金分配方案，于每年7月将资助款拨付相关县级部门。

第十五条 县级部门负责本县（区、市）学生的申请审核工作。凡符合本办法相关要求的学生均可向当地县级部门以书面形式提出申请，并由学生本人如实填写"滋蕙计划学生申请表"（附件2）。县级部门收到学生申请表后，须严格按照公开、公平、公正的原则，对申请学生资格、条件进行评审。经评审通过的学生名单必须在本县（区、市）进行为期不少于5天的公示。公示过程中，如有异议，县级部门必须及时进行调查、核实，并作出相应处理；经公示无异议后，由相关县级部门在10个工作日内，按规定的资助标准向受资助学生发放资助款。

第十六条 相关县级部门按有关规定将受资助学生名单报送省级部门，省级部门将学生名单汇总后填写"滋蕙计划学生名单表"（附件3）和"滋蕙计划资金使用情况表"（附件4），于每年10月将纸质及电子

文档报送基金会。

第四章 励耕计划

第十七条 励耕计划困难教师资助项目（以下简称困难教师资助项目）的资助范围与对象为全国（不含港澳台地区）幼儿园、小学、初中、普通高中和中职学校家庭经济困难教师。资助标准为每人每年1万元，其中特别困难的教师根据实际情况可资助2万—5万元。申请资助教师需具备以下基本条件：

（一）热爱祖国，拥护中国共产党领导；

（二）遵守宪法和法律，遵守学校规章制度；

（三）忠于党的教育事业，工作认真负责，生活俭朴，诚实守信；

（四）家庭经济特别困难，特别是因遭受自然灾害、突发事故或重大疾病等原因造成家庭经济特别困难的教师。

第十八条 基金会每年根据相关省份教师人数制定资金分配方案，将资助额度与人数分配到省级部门，省级部门根据所在省实际情况制定分配方案，将资助额度和人数分配到县级部门，方案可对重点地域实行倾斜。

第十九条 县级部门具体负责本地区困难教师的申请工作。凡符合本办法中相关要求的教师均可向所在学校以书面形式提出申请，并由教师本人如实填写"励耕计划困难教师资助项目申请表"（附件5）。学校收到教师申请表后，须严格按照公开、公平、公正的原则，对申请教师的资格、条件进行初审，并将初审通过的教师申请材料报县级部门进行评审。县级部门对学校上报的教师材料评审后，必须在所在地区和教师所在学校进行为期不少于10天的公示。公示中，如有异议，县级部门必须及时进行调查、核实，并作出相应处理；经公示无异议后，县级部门填写"励耕计划困难教师资助项目名单表"（附件6）和"励耕计划困难教师资助项目县级部门信息表"（附件7），将纸质及电子文档报省级部门复核。

第二十条 省级部门对县级部门上报材料进行复核，复核通过后，填写"励耕计划困难教师资助项目名单汇总表"（附件8）和"励耕计划困难教师资助项目县级部门信息汇总表"（附件9），将纸质及电子文档报基金会终审。

第二十一条 基金会收到相关省级部门报送的材料后，对上报的申请资助困难教师名单按地区组织终审，在基金会网站上公示终审结果，并将核定资助金额反馈省级部门。

第二十二条 基金会在确定最终受资助教师名单后的15个工作日内，将资金直接核拨至县级部门。县级部门收到资助资金后，按核定的资助标准在10个工作日内向每位受资助教师发放资助款。

第五章　润雨计划

第二十三条 润雨计划的资助对象为教育发展过程中遇到突发紧急事件的学校或相关单位等。在同等困难条件下，润雨计划将优先考虑处于农村地区、脱贫地区、少数民族地区和边境地区的学校和相关单位。

第二十四条 润雨计划的具体资助范围为：因存在安全隐患，为防止发生灾害性事故，需对消除安全隐患风险予以资助的；因发生自然灾害、重大交通事故、传染性疾病、公共卫生事件等突发紧急事件，需对相关学校或单位开展师生救助、慰问及心理疏导等工作予以资金补贴的；

因自然灾害或其他突发事件导致相关学校房屋建筑受损，需要对相关学校或单位予以资助的；因特殊困难需对农村学校完善食堂、厕所、运动场所等附属设施，购置课桌椅、餐厨设备、热水器等教育生活设施设备予以补助的；因农村学校师资不足、教学水平不高，需对采购教育信息化设备予以补助的；因北方地区、高寒山区天气寒冷，需对取暖设施改造予以补助的。因其他特殊情况，须对相关学校或单位实施一次性紧急救助的，视当年情况安排实施。

第二十五条　基金会在确定润雨计划资助单位时，应当加强与一般公共预算安排的教育支出项目统筹衔接，防止资金、项目安排重复交叉。

第二十六条　凡符合本办法规定的学校或相关单位，可直接向基金会提出书面申请，或由其上级主管部门向基金会提出书面申请。申请报告中应详细说明申请理由、申请资助内容、申请资助金额及其他相关信息。

情况紧急时，基金会可直接派人到现场了解情况，落实资助相关事宜。

第二十七条　基金会按"特事特办"的原则，组织对润雨计划申请者的资格进行评审。基金会将与最终评审通过的学校、相关单位或其上级主管单位签订资助协议。

第二十八条　对获得资助的学校和相关单位，资助款将按双方签订的协议规定，由基金会一次或多次直接拨付到学校或相关单位。特殊情况下，可由基金会先行拨款，之后再补签协议。

第六章　资金使用与管理

第二十九条　教育助学项目的资金使用应当严格执行国家有关法

律、法规和财务规章制度，按照核定的范围和预算使用。

（一）不得用于已有财政拨款保障的各类工资福利、奖金等人员支出；

（二）不得用于与实施教育助学项目无直接关系的人员支出、日常运转支出及其他支出；

（三）不得用于因公出国（境）费、公务接待费、公务用车购置及运行费；

（四）不得用于建设楼堂馆所及职工住宅等基本建设支出；

（五）不得用于以营利为目的的相关支出；

（六）不得用于补充地方财政；

（七）不得列为捐赠收入；

（八）不得用于抵扣税费、缴纳罚款等；

（九）不得用于国家禁止列支的其他支出；

（十）不得超标准支出，不得截留、挤占、挪用或拖延支付。

第三十条　基金会和相关县级部门、学校或单位均要对教育助学项目资金实行独立核算、专账管理，不得与其他资金混合管理使用。

第三十一条　滋蕙计划和励耕计划资金应根据项目支出预算严格执行。润雨计划资金由基金会根据实际需要，安排当年支出。年末未列支的项目资金，须按照国家有关结转和结余资金规定进行管理。

第三十二条　项目资金支付，按照财政国库制度的有关规定执行。

第三十三条　教育助学项目资金使用情况要接受国家审计部门或社会中介机构专项审计。

第三十四条　相关县级部门、学校或单位主要负责人为本县（区、市）或学校教育助学项目的直接责任人，对项目的开展和资金的专款专用负全责。

第三十五条　相关县级部门及执行单位在项目实施过程中应注意收集项目执行、资金管理等方面资料，建立项目管理档案并保存3年以上，以备基金会和有关部门检查。

第七章　宣传公告

第三十六条　中央专项彩票公益金资助的设施、设备、活动和所有宣传材料等，应当以显著方式标明"彩票公益金资助—中国福利彩票和中国体育彩票"标识。

第三十七条　基金会应定期向财政部、教育部汇报教育助学项目的执行、落实、检查、评估等有关情况。同时，基金会应当于每年6月底前，向社会公告上一年度教育助学项目的使用规模、资助项目、执行情况和实际效果等。具体包括：

（一）项目总体资金规模、支出内容、执行情况等；

（二）滋蕙计划、励耕计划、润雨计划的资金规模、支出内容、执行情况；

（三）项目支出绩效目标及绩效目标完成情况；

（四）其他相关内容。

第八章　绩效管理与监督检查

第三十八条　基金会必须加强对教育助学项目执行、落实情况的监督检查。监督检查的重点内容为：

（一）相关单位是否单独核算，是否专款专用，是否有截留、挤占、挪用、抵扣、拖延支付等情况；

（二）相关单位是否将资助款及时发放给真正应该受资助的教师、学生；

（三）相关单位具体操作程序和项目资金使用情况是否符合本办法的要求，相关档案制度是否建立和健全；

（四）相关单位在项目执行过程中是否有其他违反本办法规定的情况。

第三十九条　基金会应对照项目实施方案和绩效目标开展绩效自评，并根据实际情况，每年定期开展绩效运行监控与绩效评价，形成评价报告及工作总结，并于次年1月底前报教育部。

第四十条　教育部根据绩效评价报告及工作总结，有针对性地选取部分项目或地区开展绩效评价和项目检查。对于项目支出绩效不突出、管理不规范、信息披露失真以及年度预算执行缓慢的项目或地区，核减经费，并要求限期整改。对于截留、挤占、挪用、虚列、套取项目资金的，改变中央专项彩票公益金适用范围的，不按规定向社会公告的，依法责令改正、并视情调减预算直至取消。

第四十一条　基金会要主动接受教育、财政、纪检、审计和社会的监督，对发现的问题，及时予以整改，并将整改情况和结果报教育部备案。

第四十二条　基金会每年3月底前向财政部报送上一年度中央专项彩票公益金使用情况，具体内容包括：

（一）项目组织实施情况；

（二）项目资金使用和结余情况；

（三）项目社会效益和经济效益；

（四）要求报送的其他材料等。

第四十三条　财政部、教育部、基金会、省级教育行政部门及其工作人员存在违反本办法规定,以及其他滥用职权、玩忽职守、徇私舞弊等违法违规行为的,依法责令改正,对负有责任的领导人员和直接责任人员依法给予处分;涉嫌犯罪的,依法移送有关机关处理。

县级部门、学校、相关单位及个人在资金申报、使用过程中存在违法违规行为的,依照《中华人民共和国预算法》及其实施条例、《财政违法行为处罚处分条例》等国家有关规定追究相应责任;涉嫌犯罪的,依法移送有关机关处理。

第九章 附 则

第四十四条 本办法由财政部、教育部负责解释,自印发之日起执行。《财政部 教育部关于印发中央专项彩票公益金支持教育项目相关管理实施办法的通知》(财教〔2011〕556号)同时废止。

附:1.滋蕙计划资金分配方案及县级教育行政部门信息表(略)

2.滋蕙计划学生申请表(略)

3.滋蕙计划学生名单表(略)

4.滋蕙计划资金使用情况统计表(略)

5.励耕计划困难教师资助项目申请表(略)

6.励耕计划困难教师资助项目名单表(略)

7.励耕计划困难教师资助项目县级部门信息表(略)

8.励耕计划困难教师资助项目名单汇总表(略)

9.励耕计划困难教师资助项目县级部门信息汇总表(略)

财政部　教育部关于印发中央专项彩票公益金支持教育相关项目资金管理办法的通知

附件3：

中央专项彩票公益金童语同音计划——幼儿普通话教育项目资金管理办法

第一章　总　则

第一条　为了规范和加强中央专项彩票公益金"童语同音计划—幼儿普通话教育项目"资金管理，提高资金使用效益，根据《中华人民共和国预算法》及其实施条例、《彩票管理条例》及其实施细则、《彩票公益金管理办法》等有关规定，制定本办法。

第二条　本办法所称"童语同音计划——幼儿普通话教育项目"（以下简称项目），是指使用中央专项彩票公益金，通过集中培训、送培下乡等多种方式，对新疆、西藏、内蒙古、四川、甘肃、青海、云南等省份的有关民族地区农村（乡村、镇区、镇乡结合地区）幼儿园教师，开展国家通用语言文字应用能力培训，加快推进幼儿学会普通话工作。

第三条　项目分批推进，逐步覆盖上述地区农村幼儿园。

第四条　项目管理遵循"突出重点、讲求绩效、规范透明、强化监督"的原则。

第二章　职责分工

第五条　财政部负责审核教育部报送的预算编制建议、批复预算，会同教育部对资金使用情况进行监督检查和绩效管理等。

第六条 教育部负责按资金使用范围提出预算编制建议、组织预算执行、组织项目实施、健全项目管理制度，并具体进行监督评价和预算绩效管理，根据相关省份民族地区、农村地区幼儿园教师数分配当年培训对象名额，确定项目实施单位，核定项目实施方案，并根据财政部核定的年度预算确定具体项目预算。

第七条 省级教育行政部门负责指导市（州、地区）和县遴选推荐培训对象，培训对象的遴选推荐应满足以下要求：

（一）未被现有"中小学教师国家级培训计划"等类似培训计划有效覆盖；

（二）名额向乡村振兴重点帮扶县倾斜。

第八条 项目实施单位由教育部、省级教育行政部门分别推荐，教育部根据学前教育事业发展实际，根据如下遴选标准择优评定：

（一）优先考虑国家语言文字推广基地以及在学前教育、师资培训等方面有基础、有经验、有成果的单位；

（二）专家团队涵盖语言教学、学前教育、教育培训管理等领域，培训经验丰富、结构合理；

（三）近三年承担过国家通用语言文字、幼儿园园长教师培训等任务，培训成果突出，社会效益良好；

（四）培训方案在课程师资、培训模式、规范管理和考核评价等方面设计科学合理，符合民族地区、农村地区学前教育实际。

第九条 项目实施单位申请使用项目资金时，应当向教育部提交项目申报材料。项目申报材料应当包括项目申报书、实施方案以及教育部要求报送的其他材料。

第十条 项目实施单位是制定项目实施方案、设定绩效目标和编制项目预算（支出规划）的责任主体。实施方案应当符合教育部要求和幼儿学习国家通用语言的规律，可操作性强。项目实施单位应当按照核定的实施方案和项目预算组织实施项目。

第三章 资金使用与管理

第十一条 教育部根据民族地区幼儿普通话教育发展现状、上年度项目绩效评价结果、当年工作需要以及项目资金预算安排，确定当年项目资金使用方案。

第十二条 项目资金主要用于补助培训期间直接发生的培训费支出。培训费标准不得超过中央国家机关培训费相关标准。

第十三条 项目实施单位应当严格执行国家有关法律、法规和财务规章制度，按照核定的年度实施方案和项目预算规范使用资金，确保专款专用，严禁截留、挤占、挪用、虚列、套取项目资金。

（一）不得用于已有财政拨款保障的各类工资福利等人员支出，以及与项目实施无直接关系的人员支出、日常运转支出及其他支出；

（二）不得用于因公出国（境）费、公务接待费、公务用车购置及运行费；

（三）不得用于以营利为目的的活动；

（四）不得用于建设楼堂馆所及职工住宅等；

（五）不得用于国家禁止列支的其他支出。

第十四条 属于政府采购管理范围的支出项目，应当按照政府采购法律制度规定执行。凡使用项目资金取得的资产，应当按照国有资产管理有关规定统一管理。

第十五条 项目资金支付，按照财政国库制度的有关规定执行。

第十六条 项目资金原则上应在当年执行完毕，年度未支出的资金按财政部结转结余资金管理有关规定处理。

第四章 宣传公告

第十七条 中央专项彩票公益金资助的培训活动，应当以显著方式标明"彩票公益金资助—中国福利彩票和中国体育彩票"标识，并标注或悬挂统一的童语同音计划标志。

第十八条 教育部应于每年6月底前，向社会公告上一年度项目资金的使用规模、执行情况和实际效果等。具体包括：

（一）项目总体资金规模、支出内容、执行情况等；

（二）每个项目实施单位的资金规模、支出内容、执行情况等；

（三）项目支出绩效目标及绩效目标完成情况等；

（四）其他相关内容。

第五章 绩效管理与监督检查

第十九条 项目实施单位应对照项目实施方案和绩效目标开展绩效自评，并根据实际情况定期开展绩效运行监控与评价，形成评价报告及工作总结，于次年1月底前报教育部。具体包括项目组织实施情况、资金使用情况、绩效目标完成情况以及教育部要求报送的其他材料。

第二十条 教育部根据绩效评价报告及工作总结，有针对性地选取部分项目实施单位开展绩效评价和项目检查。对于项目支出绩效不突出、管理不规范以及年度预算执行缓慢的项目，要求限期整改。

第二十一条 教育部每年3月底前向财政部报送上一年度中央专项彩票公益金使用情况。具体内容包括项目组织实施情况、项目资金使用和结余情况、项目绩效目标完成情况等。

第二十二条 教育部、省级教育行政部门应当加强对项目实施单位资金使用管理情况的监督，发现问题及时督促整改。项目实施单位应当完善内控制度，主动接受主管部门、审计、纪检和社会的监督，发现问题及时整改。

第二十三条 财政部、教育部、省级教育行政部门及其工作人员存在违反本办法规定，以及其他滥用职权、玩忽职守、徇私舞弊等违法违规行为的，依法责令改正，对负有责任的领导人员和直接责任人员依法给予处分；涉嫌犯罪的，依法移送有关机关处理。

项目实施单位及个人在资金申报、使用过程中存在违法违规行为的，依照《中华人民共和国预算法》及其实施条例、《财政违法行为处罚处分条例》等国家有关规定追究相应责任；涉嫌犯罪的，依法移送有关机关处理。

第六章　附　　则

第二十四条 本办法由财政部、教育部负责解释，自印发之日起执行。

附件4：

中央专项彩票公益金宏志助航计划——全国低收入家庭高校毕业生就业帮扶项目资金管理办法

第一章 总 则

第一条 为了规范和加强中央专项彩票公益金"宏志助航计划-全国低收入家庭高校毕业生就业帮扶项目"资金管理，提高资金使用效益，确保项目实施效果，根据《中华人民共和国预算法》及其实施条例、《彩票管理条例》及其实施细则、《彩票公益金管理办法》等有关规定，制定本办法。

第二条 "宏志助航计划——全国低收入家庭高校毕业生就业帮扶项目"（以下简称项目），是指使用中央专项彩票公益金，通过开展线上线下就业能力培训，帮助高校毕业生提升综合素质和就业能力。

第三条 项目主要面向全国低收入家庭高校毕业生。

第四条 项目管理遵循"注重绩效、公开公正、规范透明、专款专用"的原则。

第二章 职责分工

第五条 财政部负责审核教育部报送的预算编制建议、批复预算，会同教育部对资金使用情况进行监督检查和绩效管理等。

第六条 教育部负责按资金使用范围提出预算编制建议、组织预算执行、组织项目实施、健全项目管理制度，并具体进行监督评价和预算绩效管理。

第七条 全国高等学校学生信息咨询与就业指导中心（以下简称全国就业中心）负责线上线下培训课程设计开发和线上就业能力培训（以下简称线上培训）的实施。

第八条 教育部在省级教育行政部门遴选推荐的基础上，确定全国高校毕业生就业能力培训基地（以下简称培训基地），并予以授牌。培训基地主要负责线下就业能力培训（以下简称线下培训）的实施。

第九条 申请作为培训基地的单位，须为全国普通高等学校并满足下列条件：

（一）高校毕业生就业工作成绩突出，原则上应获评过"全国毕业生就业典型经验高校"或"全国创新创业典型经验高校"；

（二）管理制度健全，财务管理规范；

（三）基础设施配套齐全，拥有充足的线下培训场所；

（四）在职业生涯教育和就业指导等方面具有一支相对稳定、教学经验丰富的专业师资队伍；

（五）能为参训毕业生提供必要的食宿。

有下列情形之一的，将予以核减经费，并要求限期整改。

（一）支出绩效不突出、管理不规范、参训毕业生不满意、信息披露失真以及年度预算执行缓慢的；

（二）截留、挤占、挪用、虚列、套取项目资金的，改变中央专项彩票公益金适用范围的，不按规定向社会公告的。

有下列情形之一的，将予以摘牌。

（一）无特殊情况，连续两年未能完成本年度任务的；

（二）连续两年绩效评价不合格的；

（三）存在信息披露失真情形的；

（四）有重大违规行为的；

（五）接到限期整改通知，整改后仍不合格的；

（六）存在其他应摘牌情形的。

第三章　组织实施

第十条　教育部制定项目实施方案、绩效目标和项目预算，遴选和管理培训基地，分配各省线下培训参训毕业生名额和各培训基地培训毕业生名额。

第十一条　全国就业中心组织专家团队，研究设计培训课程，开展师资队伍培训，管理线上培训，开发线上课程培训平台，整合已有课程资源，丰富线上培训课程体系。

第十二条　省级教育行政部门组织本地区的线上线下培训工作，推荐本地区培训基地并管理考核培训基地，根据教育部分配的名额，确定本省各高校线下培训参训学生；动员各高校加强项目宣传力度，组织本地区低收入家庭高校毕业生积极参加线上线下培训，可结合实际，适当吸纳部分其他就业困难高校毕业生参与培训。

第十三条　全国就业中心和培训基地制定本单位项目实施方案，设定绩效目标并编制项目预算（支出规划）。实施方案应符合相关规定要求，可操作性强。预算编制应坚持目标相关性、政策相符性和经济合理性原则，按照功能分类和经济分类分别编制。绩效目标设定应当指向明确、细化量化、合理可行。

第十四条　全国就业中心和培训基地的法定代表人是项目执行的直

接责任人，对项目实施、资金使用与管理、绩效目标实现结果负全责。

第十五条 全国就业中心和培训基地应当按照核定的实施方案和项目预算组织实施项目。项目要坚持公益性、实践性、有效性原则，线上培训要确保培训覆盖面和效果，线下培训要确保培训进度和质量，提升毕业生综合素质和就业能力。

第十六条 项目预算和绩效目标一经确定，原则上不予调整。确需调整的，应当按照预算管理的规定程序报批。

第四章 资金使用与管理

第十七条 项目资金主要用于保证线上线下培训质量，提升低收入家庭高校毕业生就业能力。具体包括：研发更新线下课程、研发更新与购买线上课程、线上培训平台建设运营维护、开展线上线下培训活动和实践活动等。

第十八条 教育部根据当年低收入家庭高校毕业生人数、上年度绩效评价结果以及中央专项彩票公益金预算安排，确定项目资金使用方案。

第十九条 全国就业中心通过委托专家研发与更新课程、购买已有课程等方式完成线上线下课程体系建设，委托与购买相关费用标准不得超过市场价格。

第二十条 教育部根据每年各培训基地的培训任务，按每人每天培训经费165元，培训时间为5天的标准，为各培训基地拨付培训经费。

第二十一条 教育部、全国就业中心和培训基地均要对项目资金实行独立核算、专账管理，不得与其他资金混合管理使用。

第二十二条 教育部、全国就业中心和培训基地要严格执行国家有关法律、法规和财务规章制度，按照核定的范围和预算使用项目资金。

（一）不得用于基本支出、偿还债务、支付利息、弥补其他项目资金缺口等；

（二）不得用于因公出国（境）费、公务接待费、公务用车购置及运行费；

（三）不得用于以营利为目的的活动；

（四）不得用于超出业务范围的购买服务开支；

（五）不得超标准支付培训、会议、咨询等费用；

（六）不得用于建设楼堂馆所及职工住宅等；

（七）不得用于国家禁止列支的其他支出；

（八）不得截留、挪用、挤占项目资金；

（九）不得利用资金进行任何形式的投资，以确保资金安全。

第二十三条 属于政府采购管理范围的支出项目，应当按照政府采购法律制度规定执行。凡使用项目资金取得的资产，应当按照国有资产管理有关规定统一管理。

第二十四条 项目资金支付，按照财政国库制度的有关规定执行。

第二十五条 年末未列支的项目资金，须按照国家有关结转和结余资金规定进行管理。

第五章 宣传公告

第二十六条 中央专项彩票公益金资助的培训基地、网络培训平台和所有宣传材料等，应当以显著方式标明"彩票公益金资助—中国福利彩票和中国体育彩票"标识。

第二十七条 教育部应当于每年6月底前，向社会公告上一年度中央专项彩票公益金的使用规模、资助项目、执行情况和实际效果等。具体包括：

（一）项目总体资金规模、支出内容、执行情况等；

（二）全国就业中心和每个培训基地的资金规模、支出内容、执行情况；

（三）项目支出绩效目标及绩效目标完成情况；

（四）其他相关内容。

第六章 绩效管理与监督检查

第二十八条 全国就业中心和培训基地应对照项目实施方案和绩效目标开展绩效自评，并根据实际情况，每年定期开展绩效运行监控与绩效评价，形成评价报告及工作总结，并于次年1月底前报教育部。

第二十九条 教育部根据绩效评价报告及工作总结，有针对性的选取部分培训基地开展绩效评价和项目检查。

第三十条 全国就业中心和培训基地要主动接受教育、财政、纪检、审计和社会的监督，对发现的问题，及时予以整改，并将整改情况和结果报教育部备案。

第三十一条 教育部每年3月底前向财政部报送上一年度中央专项彩票公益金使用情况，具体内容包括：

（一）项目组织实施情况；

（二）项目资金使用和结余情况；

（三）项目社会效益和经济效益；

（四）要求报送的其他材料等。

第三十二条 财政部、教育部、省级教育行政部门及其工作人员存在违反本办法规定，以及其他滥用职权、玩忽职守、徇私舞弊等违法违

规行为的，依法责令改正，对负有责任的领导人员和直接责任人员依法给予处分；涉嫌犯罪的，依法移送有关机关处理。

全国就业中心、培训基地及个人在资金申报、使用过程中存在违法违规行为的，依照《中华人民共和国预算法》及其实施条例、《财政违法行为处罚处分条例》等国家有关规定追究相应责任；涉嫌犯罪的，依法移送有关机关处理。

第七章　附　　则

第三十三条　本办法由财政部和教育部负责解释，自印发之日起执行。

财政部 教育部关于印发《现代职业教育质量提升计划资金管理办法》的通知

财教〔2021〕270号

各省、自治区、直辖市、计划单列市财政厅（局）、教育厅（局、教委），新疆生产建设兵团财政局、教育局：

为规范和加强现代职业教育质量提升计划资金管理，提高资金使用效益，我们对《现代职业教育质量提升计划资金管理办法》进行了修订，现印发给你们，请遵照执行。

附件：现代职业教育质量提升计划资金管理办法

财政部 教育部
2021年11月9日

附件：

现代职业教育质量提升计划资金管理办法

第一条 为规范和加强现代职业教育质量提升计划资金管理，提高资金使用效益，根据国家预算管理有关规定，制定本办法。

第二条 本办法所称现代职业教育质量提升计划资金（以下称提升计划资金），是指中央财政用于落实党中央、国务院有关要求、支持职业教育改革发展的共同财政事权转移支付资金。实施期限根据教育领域中央与地方财政事权和支出责任划分改革方案、职业教育改革发展等政策进行调整。

第三条 提升计划资金管理遵循"中央引导、省级统筹，奖补结合、突出重点，规范透明、责任清晰，注重绩效、强化监管"的原则。

第四条 提升计划资金用于支持增强职业教育适应性，推进职业教育改革发展，加快构建现代职业教育体系。具体支持内容和方式，由财政部、教育部根据党中央、国务院有关要求、相关规划以及年度重点工作等研究确定。2022—2025年提升计划资金重点支持：

（一）支持各地落实高等职业学校（含职业本科学校，下同）生均拨款制度，并鼓励各地探索建立基于专业大类的差异化生均拨款制度，逐步提高生均拨款水平，改善办学条件；支持推进高等职业学校提质培优、产教融合、校企合作，推行"学历证书＋若干职业技能等级证书"制度；支持各地开展中国特色高水平高职学校和专业建设等。

（二）支持各地落实中等职业学校生均拨款制度，并鼓励各地探索建立基于专业大类的差异化生均拨款制度，明确拨款标准并逐步提高生均拨款水平；支持各地在优化布局结构的基础上，改扩建中等职业学校校舍、实验实训场地以及其他附属设施，配置图书和教学仪器设备等；支持推进中等职业学校提质培优、产教融合、校企合作，推行"学历证书+若干职业技能等级证书"制度等。

（三）支持各地实施职业院校教师素质提高计划，加强"双师型"专任教师和"学历证书+若干职业技能等级证书"制度师资培养培训，提高教师教育教学水平；支持职业院校设立兼职教师岗位，优化教师队伍人员结构等。

第五条　教育部负责审核地方提出的本区域绩效目标等相关材料和数据，提供资金测算需要的基础数据，并对提供的基础数据的真实性、准确性、及时性负责。财政部根据预算管理相关规定，会同教育部研究确定各省份提升计划资金预算金额，审核提升计划资金的整体绩效目标。

省级财政、教育部门明确省级及省以下各级财政、教育部门在基础数据审核、资金安排、使用管理、绩效管理等方面的责任，切实加强资金管理。

地方各级财政、教育部门应当对上报影响资金分配结果的相关数据和信息的真实性、准确性、及时性负责。

第六条　提升计划资金采取因素法分配，包括高等职业学校奖补、中等职业学校奖补和职业院校教师素质提高计划奖补共三部分。财政部会同教育部综合考虑各地工作进展和改革成效、绩效评价等情况，研究确定绩效调节系数，对资金分配情况进行适当调节。

提升计划资金具体分配公式为：

某省份提升计划资金=（高等职业学校奖补+中等职业学校奖补+职业院校教师素质提高计划奖补）×绩效调节系数

第七条 高等职业学校奖补资金包括拨款标准奖补和改革绩效奖补两部分。

对各省份以2021年为基期继续给予拨款标准奖补，并从2022年起逐步降低拨款标准奖补规模，用于进一步加大改革绩效奖补力度。改革绩效奖补分配因素包括基础因素和管理创新因素。其中：基础因素（权重80%）主要考虑学生数等高等职业教育事业发展情况、生均拨款水平等地方投入情况、巩固拓展脱贫攻坚成果同乡村振兴有效衔接情况等子因素。管理创新因素（权重20%）主要考虑落实党中央、国务院要求推动高等职业教育改革创新等子因素。

某省份高等职业学校奖补=该省份拨款标准奖补+（该省份改革绩效奖补基础因素/∑有关省份改革绩效奖补基础因素×权重+该省份改革绩效奖补管理创新因素/∑有关省份改革绩效奖补管理创新因素×权重）×改革绩效奖补年度资金预算

第八条 中等职业学校奖补资金分配因素包括：区域因素、基础因素和管理创新因素。奖补资金规模按中等职业教育区域发展水平等情况确定区域因素权重后，再按其他因素分配到相关省份。其中：基础因素（权重80%）主要考虑学生数等中等职业教育事业发展情况、生均拨款水平等地方投入情况、巩固拓展脱贫攻坚成果同乡村振兴有效衔接情况等子因素。管理创新因素（权重20%）主要考虑落实党中央、国务院要求推动中等职业教育改革创新等子因素。

某省份中等职业学校奖补=（该省份基础因素/∑该省份所在区域基础因素×权重+该省份管理创新因素/∑该省份所在区域管理创新

因素×权重)×中等职业学校奖补年度资金预算×该省份所在区域因素权重

第九条 职业院校教师素质提高计划奖补资金分配因素包括基础因素和投入因素。其中：基础因素（权重80%）主要考虑职业院校教师队伍建设情况等子因素。投入因素（权重20%）主要考虑地方努力程度等子因素。

某省份职业院校教师素质提高计划奖补=（该省份基础因素/∑各省份基础因素×权重+该省份投入因素/∑各省份投入因素×权重）×职业院校教师素质提高计划奖补年度资金预算

第十条 对预算管理体制特殊的地方，提升计划资金预算数由财政部会同教育部根据财力可能，统筹考虑职业院校学校数、教师数等客观数据和职业教育发展需要等因素综合核定。

第十一条 各因素主要通过相关统计数据、资料等获得。落实党中央、国务院要求推动职业教育改革创新等子因素，由财政部、教育部确定。

第十二条 省级财政、教育部门应当于每年2月底前向财政部、教育部报送当年提升计划资金申报材料，并抄送财政部当地监管局。逾期不提交的，相应扣减相关分配因素得分。申报材料主要包括：

（一）上年度工作总结，主要包括上年度提升计划资金使用情况、年度绩效目标完成情况、地方财政投入情况、主要管理措施、落实党中央国务院要求推动职业教育改革创新情况、问题分析及对策。

（二）当年工作计划，主要包括当年职业教育工作目标、提升计划资金区域绩效目标表、重点任务特别是落实党中央、国务院要求推动职业教育改革创新情况和资金安排计划，绩效指标要指向明确、细化量化、合理可行、相应匹配。

第十三条 财政部于每年全国人民代表大会批准中央预算后三十日内，会同教育部正式下达提升计划资金预算，并按规定做好预算公开。每年10月31日前，提前下达下一年度提升计划资金预计数。省级财政部门在收到提升计划资金预算后，应当会同教育部门在三十日内按照预算级次合理分配、及时下达提升计划资金预算和绩效目标，并抄送财政部当地监管局。

第十四条 提升计划资金支付执行国库集中支付制度。涉及政府采购的，按照政府采购法律法规和有关制度执行。属于基本建设的项目，落实相关建设标准和要求，严禁超标准建设和豪华建设，并确保工程质量。年度未支出的提升计划资金，按照财政部结转结余资金管理有关规定执行。

第十五条 省级财政、教育部门在分配提升计划资金时，应当结合本地区年度重点工作和本级预算安排，加大省级统筹力度，注重提高投入效益，防止项目过于分散，并向边远、民族、脱贫地区以及主要经济带等区域经济重点发展地区倾斜，结合实际向现代农业、先进制造业、现代服务业、战略性新兴产业等国家或地方急需特需专业，民族文化传承与创新方面的专业倾斜，支持办好面向农村的职业教育。应当做好与发展改革部门安排基本建设项目等资金的统筹，防止资金、项目安排重复交叉。

第十六条 地方各级财政、教育部门应当落实新增教育经费向职业教育倾斜的要求，健全多渠道筹集职业教育经费的体制，综合运用各类政策手段，兼顾财政承受能力和政府债务风险防控要求，筹集更多资金用于职业教育发展。

第十七条 地方各级财政、教育部门应当按照全面实施预算绩效管理的要求，建立健全预算绩效管理机制，按规定科学合理设定绩效目标，对照绩效目标做好绩效监控、绩效评价，强化评价结果运用，做好绩效信息公开，提高资金配置效率和使用效益。财政部、教育部根据工作需要适时组织开展提升计划资金绩效评价，将评价结果作为预算安排、完善政策、改进管理的重要依据。

第十八条　职业院校应当健全预算管理制度，细化预算编制，严格预算执行；规范学校财务管理，加强国有资产管理，完善内部经费管理办法，健全内部控制制度，确保资金使用安全、规范和高效。

第十九条　提升计划资金应当按照规定安排使用，建立"谁使用、谁负责"的责任机制。严禁将提升计划资金用于平衡预算、偿还债务、支付利息、对外投资等支出，不得从提升计划资金中提取工作经费或管理经费。财政部各地监管局应当按照工作职责和财政部要求，对提升计划资金实施监管。

第二十条　各级财政、教育部门及其工作人员在提升计划资金分配和使用过程中存在违反本办法规定，以及其他滥用职权、玩忽职守、徇私舞弊等违法违规行为的，依法责令改正，对负有责任的领导人员和直接责任人员依法给予处分；涉嫌犯罪的，依法移送有关机关处理。

第二十一条　申报使用提升计划资金的部门、单位及个人在资金申报、使用过程中存在违法违规行为的，依照《中华人民共和国预算法》及其实施条例、《财政违法行为处罚处分条例》等国家有关规定追究相应责任；涉嫌犯罪的，依法移送有关机关处理。

第二十二条　本办法由财政部、教育部负责解释。各省级财政、教育部门可根据本办法，结合各地实际，制定具体管理办法，并抄送财政部当地监管局。

第二十三条 本办法自 2022 年 1 月 1 日起施行。《财政部 教育部关于印发〈现代职业教育质量提升计划资金管理办法〉的通知》（财教〔2019〕258 号）同时废止。

财政部　中央文明办　教育部关于印发《中央专项彩票公益金支持乡村学校少年宫项目资金管理办法》的通知

财教〔2021〕288号

各省、自治区、直辖市财政厅（局），新疆生产建设兵团财政局：

为进一步规范"十四五"时期中央专项彩票公益金支持乡村学校少年宫项目资金支出管理，提高财政资金使用效益，根据国家有关法律法规和财政管理规定，我们对《财政部 中央文明办 教育部关于印发〈中央专项彩票公益金支持乡村学校少年宫项目资金管理办法〉的通知》（财教〔2016〕189号）进行了修订。现将修订后的资金管理办法印发给你们，请遵照执行。

附件：中央专项彩票公益金支持乡村学校少年宫项目资金管理办法

财政部　中央文明办　教育部
2021年12月3日

附件：

中央专项彩票公益金支持乡村学校少年宫项目资金管理办法

第一章 总 则

第一条 为规范和加强中央专项彩票公益金支持乡村学校少年宫项目资金（以下简称项目资金）管理，提高资金使用效益，根据《中华人民共和国预算法》及其实施条例、《彩票管理条例》及其实施细则、《彩票公益金管理办法》（财综〔2021〕18号）等有关规定，制定本办法。

第二条 项目资金是指经国务院批准，由财政部下达省级财政部门，专项用于在中央精神文明建设指导委员会办公室（以下简称中央文明办）和教育部指导下，地方开展的中央专项彩票公益金支持脱贫县乡村学校少年宫项目（以下简称项目）所需资金的补助，包括修缮装备补助、运转补助等，纳入政府性基金预算管理。

第三条 本办法所称乡村学校少年宫，是依托乡镇小学校（含九年一贯制学校）现有场地、教室和设施，进行修缮并配备必要的设备器材，依靠专兼职辅导员和志愿者进行管理，在课余时间和节假日组织开展普及性校外活动的公益性活动场所。

第四条 项目资金的管理、分配和使用，应当坚持科学规范、厉行节约，依法依规安排预算。坚持公平公正、公开透明，主动接受财政、审计、人大和社会监督。坚持讲求绩效、强化监管，发挥资金使用效益。

第五条　由项目资金资助修缮的场所、设施设备和公益性活动，应当以显著方式标明"彩票公益金资助——中国福利彩票和中国体育彩票"标识。

第二章　资金使用范围与标准

第六条　项目资金使用范围如下：

（一）修缮装备补助：对新立项的乡村学校少年宫项目，利用学校现有场地和教室进行修缮并配备设备器材，将其整修成适合组织开展普及性校外活动的乡村学校少年宫。

（二）运转补助：用于已开展活动的乡村学校少年宫专项运转补助；培训乡村学校少年宫的管理人员、支持校内志愿辅导乡村学校少年宫活动的教师参加专业培训、适当补贴校外辅导员志愿开展辅导。

第七条　项目资金实行因素法分配，具体分配因素及测算方法：

（一）修缮装备补助＝新建的乡村学校少年宫个数 × 补助标准（每年补助额度不高于20万元，最低不少于10万元，平均每个少年宫15万元。其中，装备支出占比不低于70%）。

（二）运转补助＝已开展活动的乡村学校少年宫个数 × 补助标准（不高于3万元，最低不少于1万元，平均每个少年宫1.5万元）。

各地项目资金为当地修缮装备补助与运转补助之和。

第八条　项目资金不得用于以下方面支出：

（一）因公出国（境）、公务接待、公务用车购置及运行等支出；

（二）行政事业单位的基本支出，如基本工资、奖金、津贴、补贴、绩效工资等人员支出及水电费等日常公用支出；

（三）对外投资和其他经营性活动；

（四）建设楼堂馆所及职工住宅；

（五）支付各种罚款、捐款、赞助、偿还债务等；

（六）与项目无关的支出，以及其他国家规定禁止列支的支出。

第三章 项目申报与资金使用

第九条 项目申报审批程序如下：

（一）中央文明办会同教育部结合乡村学校少年宫建设整体规划，于每年8月31日前向财政部提出下年预算提前下达申请及绩效目标，包括各省、自治区、直辖市（以下统称各地）新建的乡村学校少年宫个数、按标准测算所需修缮装备补助经费，补助各地已开展活动的乡村学校少年宫个数、按照标准测算所需运转补助经费等。

（二）财政部根据中央文明办会同教育部报来的项目资金预算申请及绩效目标，按照本办法第七条规定的测算方法以及项目资金预算规模，结合以前年度资金使用情况等核定各地年度预算额度，会同中央文明办、教育部在每年10月31日前提前下达省级财政部门，并抄送中央文明办、教育部和财政部当地监管局。

（三）省级财政部门收到财政部下达的资金预算和绩效目标后，会同同级文明办和教育部门根据中央财政下达的项目预算额度确定分配方案，在规定时限内正式分解下达预算和绩效目标，同时于每年4月30日前，将下达预算文件和分解后的绩效目标报财政部备案并抄送财政部当地监管局。

第十条 项目资金安排使用时，填列《政府收支分类科目》中229类"其他支出"60款"彩票公益金安排的支出"04项"用于教育事业的彩票公益金支出"。

财政部 中央文明办 教育部关于印发《中央专项彩票公益金支持乡村学校少年宫项目资金管理办法》的通知

第十一条 项目资金支付按照国库集中支付有关规定执行,涉及政府采购的,按照政府采购有关法律制度规定执行。

第十二条 项目资金下达后,应当按照预算管理有关要求执行,原则上不得变更。执行过程中由于特殊原因需要变更的,应充分说明变更调整的理由并按照原申报审批程序报批。

第十三条 结转和结余资金按有关管理规定执行。

第四章 绩效管理与监督

第十四条 中央文明办、教育部和财政部根据各地专项资金使用情况,适时开展绩效评价和监督检查。财政部各地监管局应当按照工作职责和财政部要求,对专项资金的预算执行实行监管。

第十五条 各级文明办、教育部门和财政部门要加强项目资金绩效管理,开展事前绩效评估,严格绩效目标管理及绩效执行监控,强化绩效评价。省级财政部门分配资金时,应将绩效评价结果、审计意见等作为重要依据,不断提高项目资金资源配置效率和使用效益。

第十六条 切实做好社会公告。中央文明办、教育部等项目实施单位,应当于每年 6 月 30 日前,向社会公告上一年度项目资金分配使用情况,具体包括:

(一)项目总体资金规模、支出内容、执行情况等;

(二)具体项目资金规模、支出内容、执行情况等;

(三)项目支出绩效目标及绩效目标完成情况等。

第十七条 各级财政部门和文明办、教育部门及其工作人员在资金分配、使用管理工作中,存在违反规定分配资金,改变项目资金使用范围的,不按规定向社会公告的,以及有其他滥用职权、玩忽职守、徇私舞弊等违纪违法行为的,依法责令改正,并视情调减项目预算支出直至取消。对负有责任的领导人员和直接责任人员依法给予处分;涉嫌犯罪的,依法移送有关机关处理。

第五章 附 则

第十八条 本办法由财政部、中央文明办、教育部负责解释。

第十九条 本办法自印发之日起施行。《中央专项彩票公益金支持乡村学校少年宫项目资金管理办法》(财教〔2016〕189号)、《财政部 中央文明办 教育部关于中央专项彩票公益金支持乡村学校少年宫项目资金审批责任追究有关问题的通知》(财文〔2016〕20号)同时废止。

第二十条 省级财政部门应当会同同级文明办和教育部门根据本办法制定本地区项目资金管理办法。

财政部 教育部 人力资源和社会保障部 退役军人部 中央军委国防动员部关于印发《学生资助资金管理办法》的通知

财教〔2021〕310号

有关中央预算单位，各省军区（卫戍区、警备区），各省、自治区、直辖市、计划单列市财政厅（局）、教育厅（局、教委）、人力资源和社会保障厅（局）、退役军人事务厅（局）、征兵办公室，新疆生产建设兵团财政局、教育局、人力资源和社会保障局：

  为规范和加强学生资助资金管理，提高资金使用效益、确保资助工作顺利开展，我们对《学生资助资金管理办法》进行了修订，现印发给你们，请遵照执行。

  附件：学生资助资金管理办法

财政部 教育部 人力资源和社会保障部
退役军人部 中央军委国防动员部
2021年12月30日

附件:

学生资助资金管理办法

第一章 总 则

第一条 为规范和加强学生资助资金管理,提高资金使用效益,确保资助工作顺利开展,根据国家预算管理有关规定,制定本办法。

第二条 本办法所称学生资助资金是指中央财政用于支持落实高等教育(含本专科生和研究生教育)、中等职业教育、普通高中教育等国家资助政策的资金,包括国家奖学金、国家励志奖学金、学业奖学金、国家助学金、免学(杂)费补助资金、服兵役国家教育资助资金、基层就业学费补偿国家助学贷款代偿资金、国家助学贷款奖补资金等。

第三条 本办法所称普通高校是指根据国家有关规定批准设立、实施全日制高等学历教育的普通本科学校、高等职业学校、高等专科学校;中等职业学校是指根据国家有关规定批准设立、实施全日制中等学历教育的各类职业学校(含技工学校);普通高中是指根据国家有关规定批准设立的普通高中学校(含完全中学和十二年一贯制学校的高中部)。

以上所称各类学校包括民办普通高校(含独立学院)、民办中等职业学校和民办普通高中。

第四条 学生资助资金由财政部、教育部、人力资源社会保障部按职责共同管理。财政部负责学生资助资金分配和预算下达,组织教育部、人力资源社会保障部等部门编制学生资助资金中期财政规划和年度预算

财政部　教育部　人力资源和社会保障部　退役军人部　中央军委国防动员部关于印发《学生资助资金管理办法》的通知

草案。教育部会同人力资源社会保障部负责组织各地审核上报享受资助政策的学生人数、资助范围、资助标准等基础数据，提出预算分配建议方案，负责完善学生信息管理系统，加强学生学籍和资助信息管理，对提供的基础数据和预算分配建议方案真实性、准确性、及时性负责。教育部、人力资源社会保障部会同财政部等部门对资金使用和政策执行情况进行监督管理。退役军人部负责组织各地做好自主就业退役士兵的身份认证工作。中央军委国防动员部负责组织各地兵役机关做好申请学费资助学生入伍的相关认证工作。

省级财政、教育、人力资源社会保障部门负责明确省级及省以下各级财政、教育、人力资源社会保障部门在学生资助基础数据审核、资金安排、使用管理等方面的责任，切实加强资金管理。

学校是学生资助资金使用的责任主体，应当切实履行法人责任，健全内部管理机制，具体组织预算执行。

第二章　资助范围和标准

第五条　普通高校资助范围及标准包括：

（一）本专科生国家奖学金。奖励特别优秀的全日制本专科生，每年奖励6万名，每生每年8 000元。

（二）本专科生国家励志奖学金。奖励资助品学兼优的家庭经济困难的全日制本专科生，本科生资助范围约为全国普通高校全日制本科在校生总数的3%，高职学生资助范围约为全国普通高校全日制高职在校生总数的3.3%，每生每年5 000元。

（三）本专科生国家助学金。资助家庭经济困难的全日制本专科生（含预科生，不含退役士兵学生），本科生资助范围约为全国普通高校全日制本科在校生总数的20%，高职学生资助范围约为全国普通高校全日制高职在校生总数的22%，平均资助标准为每生每年3 300元，具体标准由高校在每生每年2 000—4 500元范围内自主确定，可以分为2—3档。全日制在校退役士兵学生全部享受本专科生国家助学金，资助标准为每生每年3 300元。

（四）研究生国家奖学金。奖励特别优秀的全日制研究生，每年奖励4.5万名。其中：硕士生3.5万名，每生每年20 000元；博士生1万名，每生每年30 000元。

（五）研究生学业奖学金。奖励中央高校全日制研究生，中央财政按照硕士研究生每生每年8 000元、博士研究生每生每年10 000元的标准以及在校学生数的一定比例给予支持。

（六）研究生国家助学金。资助全日制研究生的基本生活支出。中央高校硕士研究生每生每年6 000元，博士研究生每生每年15 000元；地方所属高校研究生国家助学金资助标准由各省（自治区、直辖市、计划单列市，以下统称省）财政部门会同教育部门确定，硕士研究生每生每年不低于6 000元，博士研究生每生每年不低于13 000元。

（七）服兵役高等学校学生国家教育资助。对应征入伍服义务兵役、招收为士官、退役后复学或入学的高等学校学生实行学费补偿、国家助学贷款代偿、学费减免。学费补偿或国家助学贷款代偿金额，按学生实际缴纳的学费或用于学费的国家助学贷款（包括本金及其全部偿还之前产生的利息，下同）两者金额较高者执行；复学或新生入学后学费减免金额，按高等学校实际收取学费金额执行。

学费补偿、国家助学贷款代偿以及学费减免的标准，本专科生每生每年最高不超过12 000元，研究生每生每年最高不超过16 000元。超出标准部分不予补偿、代偿或减免。

（八）基层就业学费补偿国家助学贷款代偿。对到中西部地区和艰苦边远地区基层单位就业的中央高校应届毕业生实行学费补偿或国家助学贷款代偿，本专科生每生每年最高不超过 12 000 元，研究生每生每年最高不超过 16 000 元。毕业生在校学习期间每年实际缴纳的学费或用于学费的国家助学贷款低于补偿代偿标准的，按照实际缴纳的学费或用于学费的国家助学贷款金额实行补偿代偿。毕业生在校学习期间每年实际缴纳的学费或用于学费的国家助学贷款高于补偿代偿标准的，按照标准实行补偿代偿。

第六条　国家助学贷款奖补资金。全部用于本地区全日制普通高校学生的资助。

第七条　中等职业学校资助范围及标准包括：

（一）国家奖学金。奖励学习成绩、技能表现等方面特别优秀的中等职业学校全日制在校生，每年奖励 2 万名，每生每年 6 000 元。

（二）免学费。对中等职业学校全日制学历教育正式学籍一、二、三年级在校生中农村（含县镇）学生、城市涉农专业学生、城市家庭经济困难学生、民族地区学校就读学生、戏曲表演专业学生免除学费（其他艺术类相关表演专业学生除外）。城市家庭经济困难学生比例按规定分区域确定。免学费标准按照各级人民政府及其价格、财政主管部门批准的公办学校学费标准执行（不含住宿费）。

（三）国家助学金。资助中等职业学校全日制学历教育正式学籍一、二年级在校涉农专业学生和非涉农专业家庭经济困难学生。家庭经济困难学生比例按规定分区域确定。六盘山区等 11 个原连片特困地区和西藏、四省涉藏州县、新疆南疆四地州中等职业学校农村学生（不含县城）全部纳入享受国家助学金范围。平均资助标准每生每年2 000元，具体标准由各地结合实际在1 000—3 000元范围内确定，可以分为2—3档。

第八条 普通高中资助范围及标准包括：

（一）免学杂费。对具有正式学籍的普通高中原建档立卡等家庭经济困难学生（含非建档立卡的家庭经济困难残疾学生、农村低保家庭学生、农村特困救助供养学生）免学杂费。西藏、四省涉藏州县和新疆南疆四地州学生继续执行现行政策。免学杂费标准按照各级人民政府及其价格、财政主管部门批准的公办学校学杂费标准执行（不含住宿费）。

（二）国家助学金。资助具有正式学籍的普通高中在校生中的家庭经济困难学生。各地可结合实际，在确定资助范围时适当向农村地区、脱贫地区和民族地区倾斜。平均资助标准为每生每年2 000元，具体标准由各地结合实际在1 000—3 000元范围内确定，可以分为2—3档。

第九条 国家奖学金、国家励志奖学金、学业奖学金、国家助学金、免学（杂）费补助资金、服兵役高等学校学生国家教育资助资金、基层就业学费补偿国家助学贷款代偿资金等标准，根据经济发展水平、财力状况、物价水平、相关学校收费标准等因素，实行动态调整。

第三章 资金分担和预算安排

第十条 学生资助资金采用因素法分配，根据学生人数、相关标准等进行测算。

第十一条 普通高校国家奖学金、国家励志奖学金、服兵役高等学校学生国家教育资助、国家助学贷款奖补资金由中央财政承担。中央高校的学业奖学金、国家助学金、基层就业学费补偿国家助学贷款代偿资金由中央财政承担。地方高校的学业奖学金、基层就业学费补偿国家助学贷款代偿资金由地方财政承担。地方高校的国家助学金由中央与地方分档按比例分担，按照本专科生每生每年3 300元、硕士研究生每生每年6 000元、博士研究生每生每年13 000元的标准，不区分生源地区，第一档中央财政负担80%，第二档中央财政负担60%，第三档、第四档、第五档中央财政分别负担50%、30%、10%。

上述第一档包括内蒙古、广西、重庆、四川、贵州、云南、西藏、陕西、甘肃、青海、宁夏、新疆12个省（区、市）；第二档包括河北、山西、吉林、黑龙江、安徽、江西、河南、湖北、湖南、海南10个省；第三档包括辽宁、山东、福建3个省；第四档包括天津、江苏、浙江、广东4个省（市）和大连、青岛、宁波、厦门、深圳5个计划单列市；第五档包括北京、上海2个直辖市。分档情况下同。

第十二条 国家助学贷款奖补资金分配因素包括国家助学贷款规模，权重为25%；获贷情况，权重为25%；奖补资金使用情况，权重为15%；学生资助工作管理情况，权重为35%。财政部会同教育部适时对相关因素和权重进行完善。

第十三条 中等职业教育国家奖学金由中央财政承担。中等职业教育免学费和国家助学金由中央与地方财政分档按比例分担，省级财政统筹落实。免学费补助资金和国家助学金均由中央财政统一按每生每年平均2 000元的测算标准与地方分档按比例分担。其中：第一档中央财政负担80%；第二档中央财政负担60%；第三档、第四档、第五档中央财政分别负担50%、30%、10%。学生生源地为第一档但在第二档地区就读的，中央财政负担80%；生源地为第一档、第二档但在第三档、第四档、第五档地区就读的，中央财政分别负担80%、60%；根据国务院有关规定，部分中部市县比照享受西部地区政策，中央财政按第一档负担80%。

对因免学费导致学校收入减少的部分，由财政按照享受免学费政策学生人数和免学费标准补助学校，弥补学校运转出现的经费缺口。

对在经教育部门、人力资源社会保障部门依法批准的民办学校就读的一、二、三年级符合免学费政策条件的学生，按照当地同类型同专业公办学校标准给予补助。民办学校经批准的学费标准高于补助的部分，学校可以按规定继续向学生收取。

第十四条　国家统一实施的普通高中免学杂费和国家助学金政策，所需经费由中央与地方财政分档按比例分担，省级财政统筹落实。其中：第一档中央财政负担80%；第二档中央财政负担60%；第三档、第四档、第五档中央财政分别负担50%、30%、10%。

中央财政逐省核定免学杂费财政补助标准，原则上三年核定一次。对因免学杂费导致学校收入减少的部分，由财政按照免学杂费学生人数和免学杂费标准补助学校，弥补学校运转出现的经费缺口。

对在经教育部门依法批准的民办学校就读的符合免学杂费政策条件的学生，按照当地同类型公办学校标准给予补助。民办学校经批准的学杂费标准高于补助的部分，学校可以按规定继续向学生收取。

第十五条　财政部会同有关部门按照转移支付预算管理规定的时限等有关要求下达中央对地方转移支付预算、提前下达下一年度转移支付预计数。省级财政部门会同有关部门在收到转移支付预算（含提前下达预计数）后，应当按规定合理分配、及时下达，并抄送财政部当地监管局。地方各级财政部门应当加强预算管理，按有关规定及时足额拨付应负担的资金。中央高校所需资金按照部门预算管理要求下达，按照财政国库管理有关制度规定支付。

第十六条　服兵役高等学校学生国家教育资助，中央高校资金按照财政国库管理有关制度规定支付；地方高校资金由中央财政拨付各省级财政部门，采取"当年先行预拨，次年据实结算"的办法，中央财政每年对各省上一年度实际支出进行清算，并以上一年度实际支出金额为基数提前下拨各省当年预算资金。

中央高校基层就业学费补偿国家助学贷款代偿资金按照财政国库管理有关制度规定支付。

第四章　资金管理和监督

第十七条　学生资助资金纳入各级预算管理，各级财政、教育、人力资源社会保障等部门（单位）要按照预算管理有关规定加强学生资助资金预算编制、执行、决算等管理。

第十八条　地方各级教育、人力资源社会保障部门要加强资金发放、执行管理，做好基础数据的审核工作，对上报的可能影响资金分配结果的有关数据和信息的真实性、准确性负责；健全学生资助机构，组织学校做好家庭经济困难学生认定工作，确保应助尽助。各级各类学校要加强学生学籍、学生资助信息系统应用，规范档案管理，严格落实责任制，强化财务管理，制定学生资助资金管理使用办法。学校应将学生申请表、认定结果、资金发放等有关凭证和工作情况分年度建档备查。

第十九条　各级财政、教育、人力资源社会保障等部门要按照全面实施预算绩效管理的要求，建立健全全过程预算绩效管理机制，按规定科学合理设定绩效目标，对照绩效目标做好绩效监控、绩效评价，强化绩效结果运用，做好信息公开，提高资金使用效益。

第二十条　财政部各地监管局按照职责和财政部统一部署，对资金开展监管和专项检查。

第二十一条　各级财政、教育、人力资源社会保障等部门（单位）及其工作人员在学生资助资金分配和审核过程中滥用职权、玩忽职守、徇私舞弊以及违反规定分配或挤占、挪用、虚列、套取学生资助资金的，依法追究相应责任。

申报使用学生资助资金的部门、单位及个人在资金申报、使用过程中存在违法违规行为的，依照《中华人民共和国预算法》及其实施条例、《财政违法行为处罚处分条例》等国家有关规定追究相应责任。

第五章　附　　则

第二十二条　各地、各校要结合实际，通过勤工助学、"三助"岗位、"绿色通道"、校内资助、社会资助等方式完善学生资助体系。公办普通高校、普通高中要从事业收入中分别足额提取4%—6%、3%—5%的经费用于资助学生，中等职业学校应从事业收入中提取一定比例的资金用于资助学生。民办学校应从学费收入中提取不少于5%的资金，用于奖励和资助学生。

第二十三条　各地要认真贯彻党中央、国务院关于实现巩固拓展脱贫攻坚成果同乡村振兴有效衔接等决策部署，在分配相关资金时，结合实际向脱贫地区倾斜。

第二十四条　科研院所、党校（行政学院）、国家会计学院等研究生培养单位学生资助资金管理按照本办法执行，所需资金通过现行渠道解决。

第二十五条　新疆生产建设兵团、农垦等所属学校学生资助资金管理和财政支持方式均按照有关法律法规、现行体制和政策执行。

第二十六条　各项学生资助政策涉及的申请、评审、发放、管理等工作按照《学生资助资金管理实施细则》执行。

第二十七条 各地要根据本办法，结合实际制定实施办法，抄送财政部、教育部、人力资源社会保障部。各中央高校要根据本办法制定具体实施办法，抄送财政部、教育部和中央主管部门。

第二十八条 本办法由财政部、教育部、人力资源社会保障部、退役军人部、中央军委国防动员部按职责负责解释。

第二十九条 本办法自印发之日起施行。《财政部 教育部 人力资源社会保障部 退役军人部 中央军委国防动员部关于印发〈学生资助资金管理办法〉的通知》（财科教〔2019〕19号）同时废止。

附：学生资助资金管理实施细则

附：

学生资助资金管理实施细则

高等教育	
附1	本专科生国家奖学金实施细则
附2	本专科生国家励志奖学金实施细则
附3	本专科生国家助学金实施细则
附4	研究生国家奖学金实施细则
附5	研究生学业奖学金实施细则
附6	研究生国家助学金实施细则
附7	服兵役高等学校学生国家教育资助实施细则
附8	基层就业学费补偿国家助学贷款代偿实施细则
中等职业教育	
附9	中等职业教育国家奖学金实施细则
附10	中等职业教育免学费实施细则
附11	中等职业教育国家助学金实施细则
普通高中教育	
附12	普通高中免学杂费实施细则
附13	普通高中国家助学金实施细则

财政部　教育部　人力资源和社会保障部　退役军人部　中央军委国防动员部关于印发《学生资助资金管理办法》的通知

附1：

本专科生国家奖学金实施细则

第一条 本专科生国家奖学金（以下简称国家奖学金），用于奖励纳入全国招生计划内的高校全日制本专科（含高职、第二学士学位）学生中特别优秀的学生，激励学生勤奋学习、努力进取，德、智、体、美、劳全面发展。

第二条 国家奖学金的基本申请条件：

（一）具有中华人民共和国国籍；

（二）热爱祖国，拥护中国共产党的领导；

（三）遵守宪法和法律，遵守学校规章制度；

（四）诚实守信，道德品质优良；

（五）在校期间学习成绩优异，社会实践、创新能力、综合素质等方面特别突出。

第三条 获得国家奖学金的学生为高校在校生中二年级以上（含二年级）的学生。同一学年内，获得国家奖学金的家庭经济困难学生可以同时申请并获得国家助学金，但不能同时获得本专科生国家励志奖学金。

第四条 中央高校国家奖学金的名额由财政部商教育部确定。地方高校国家奖学金的名额由各省（自治区、直辖市、计划单列市，以下统称省）根据财政部、教育部确定的总人数，以及高校数量、类别、办学层次、办学质量、在校本专科生人数等因素确定。在分配国家奖学金名额时，对办学水平较高的高校、以农林水地矿油核等学科专业为主的高校予以适当倾斜。

第五条 全国学生资助管理中心提出各省和中央主管部门所属高校国家奖学金名额分配建议方案，报财政部、教育部审批。

第六条 财政部、教育部将审定的中央高校国家奖学金分配名额下达全国学生资助管理中心，并抄送中央主管部门。全国学生资助管理中心将国家奖学金名额书面告知中央高校。

财政部、教育部将审定的地方高校国家奖学金分配名额下达省级财政、教育部门。省级财政、教育部门按程序将国家奖学金名额下达相关高校。

第七条 国家奖学金每学年评审一次，实行等额评审，坚持公开、公平、公正、择优的原则。

第八条 高校学生资助管理机构具体负责组织评审工作，提出本校当年国家奖学金获奖学生建议名单，报学校评审领导小组研究审定后，在校内进行不少于5个工作日的公示。

公示无异议后，每年10月31日前，中央高校将评审结果报中央主管部门，地方高校将评审结果逐级报至省级教育部门。中央主管部门和省级教育部门审核、汇总后，于11月10日前统一报教育部审批。

第九条 高校于每年12月31日前将当年国家奖学金一次性发放给获奖学生，并将获得国家奖学金情况记入学生学籍档案。

第十条 财政部、教育部委托全国学生资助管理中心加强对国家奖学金的管理，并颁发国家统一印制的荣誉证书。

附2:

本专科生国家励志奖学金实施细则

第一条 本专科生国家励志奖学金(以下简称国家励志奖学金),用于奖励资助纳入全国招生计划内的高校全日制本专科(含高职、第二学士学位)学生中品学兼优的家庭经济困难学生,激励高校家庭经济困难学生勤奋学习、努力进取,德、智、体、美、劳全面发展。

第二条 国家励志奖学金的基本申请条件:

(一)具有中华人民共和国国籍;

(二)热爱祖国,拥护中国共产党的领导;

(三)遵守宪法和法律,遵守学校规章制度;

(四)诚实守信,道德品质优良;

(五)在校期间学习成绩优秀;

(六)家庭经济困难,生活俭朴。

第三条 申请国家励志奖学金的学生为高校在校生中二年级以上(含二年级)的学生。

同一学年内,申请国家励志奖学金的学生可以同时申请并获得本专科生国家助学金,但不能同时获得本专科生国家奖学金。

教育部直属师范大学公费师范生,不再同时获得国家励志奖学金。

第四条 每年9月30日前,学生根据本细则规定的国家励志奖学金的基本申请条件及其他有关规定,向学校提出申请,并递交《本专科生国家励志奖学金申请表(样表)》(见附件2-1)。

第五条 中央高校国家励志奖学金的奖励资助名额由财政部商教育

部确定。地方高校国家励志奖学金的奖励资助名额由各省（自治区、直辖市、计划单列市，以下统称省）根据财政部、教育部确定的总人数，以及高校数量、类别、办学层次、办学质量、在校本专科生人数和生源结构等因素确定。在分配国家励志奖学金名额时，对办学水平较高的高校、以农林水地矿油核等学科专业为主的高校予以适当倾斜。

第六条 全国学生资助管理中心提出各省和中央主管部门所属高校国家励志奖学金名额分配建议方案，报财政部、教育部审批。

第七条 财政部、教育部将审定的中央高校国家励志奖学金分配名额下达全国学生资助管理中心，并抄送中央主管部门。全国学生资助管理中心将国家励志奖学金名额书面告知中央高校。

财政部、教育部将审定的地方高校国家励志奖学金分配名额下达省级财政、教育部门。省级财政、教育部门按程序将国家励志奖学金名额下达相关高校。

第八条 国家励志奖学金按学年申请和评审，实行等额评审，坚持公开、公平、公正、择优的原则。

第九条 国家励志奖学金申请与评审工作由高校组织实施。高校要根据本细则的规定，制定具体评审细则，并抄送中央主管部门或省级教育部门。高校在开展国家励志奖学金评审工作中，要对农林水地矿油核等学科专业学生予以适当倾斜。

第十条 高校学生资助管理机构负责组织评审，提出本校当年国家励志奖学金获奖学生建议名单，报学校评审领导小组研究通过后，在校内进行不少于5个工作日的公示。公示无异议后，每年11月10日前，中央高校将评审结果报中央主管部门，地方高校将评审结果逐级报至省级教育部门。中央主管部门和省级教育部门于11月30日前批复。

第十一条 高校于每年12月31日前将国家励志奖学金一次性发放给获奖学生，并记入学生的学籍档案。

第十二条 各高校要切实加强管理，认真做好国家励志奖学金的评审和发放工作，确保国家励志奖学金真正用于资助品学兼优的家庭经济困难学生。

第十三条 民办高校（含独立学院）按照国家有关规定规范办学、举办者按照规定足额提取经费用于资助家庭经济困难学生的，其招收的符合本细则规定申请条件的普通本专科（含高职、第二学士学位）学生，也可以申请国家励志奖学金，具体评审管理办法，由各地制定。

附：2-1.本专科生国家励志奖学金申请表（样表）

附 2-1

本专科生国家励志奖学金申请表（样表）

本人情况	姓名		性别		出生年月		照片
	民族		政治面貌		入学时间		
	学号				所在年级		
	身份证号码				联系电话		
	大学　　　　学院（系）　　　专业　　班						
	曾获何种奖励						
家庭经济情况	家庭人口总数						
	家庭月总收入		人均月收入		收入来源		
	家庭住址				邮政编码		
学习成绩	成绩排名：____/____（名次/总人数）			实行综合考评排名：是□；否□			
	必修课____门，其中及格以上____门			如是，排名：____/____（名次/总人数）			
申请理由	申请人签名：　　　　年　月　日						
院系审核意见	（公章）　　　　年　月　日						
学校审核意见	（公章）　　　　年　月　日						

附3：

本专科生国家助学金实施细则

第一条 本专科生国家助学金（以下简称国家助学金），用于资助纳入全国招生计划内的高校全日制本专科（含预科、高职、第二学士学位，不含退役士兵学生，下同）在校生中的家庭经济困难学生，帮助其顺利完成学业。全日制在校退役士兵学生全部享受本专科生国家助学金。

第二条 国家助学金的基本申请条件：

（一）具有中华人民共和国国籍；

（二）热爱祖国，拥护中国共产党的领导；

（三）遵守宪法和法律，遵守学校规章制度；

（四）诚实守信，道德品质优良；

（五）勤奋学习，积极上进；

（六）家庭经济困难，生活俭朴。

第三条 每年9月30日前，学生（不含退役士兵学生）根据本细则规定的国家助学金的基本申请条件及其他有关规定，向学校提出申请，并递交《本专科生国家助学金申请表（样表）》（见附件3-1）。

在同一学年内，申请并获得国家助学金的学生，可同时申请并获得本专科生国家奖学金或国家励志奖学金。

教育部直属师范大学公费师范生，不再同时获得国家助学金。

第四条 全国学生资助管理中心提出各省（自治区、直辖市、计划单列市，以下统称省）和中央主管部门所属高校国家助学金名额分配建议方案，报财政部、教育部审核。

财政部、教育部将审定的中央高校国家助学金分配名额（不含退役士兵学生）下达全国学生资助管理中心，并抄送中央主管部门。

财政部、教育部将审定的地方高校国家助学金分配名额（不含退役士兵学生）下达省级财政、教育部门。

第五条 全国学生资助管理中心将国家助学金名额书面告知中央高校。各省财政、教育部门根据财政部、教育部下达的国家助学金名额，以及高校数量、类别、办学层次、办学质量、在校本专科生人数和生源结构等因素，确定地方高校国家助学金名额。

第六条 在分配国家助学金名额时，对民族院校、以农林水地矿油核等学科专业为主的高校予以适当倾斜。

第七条 国家助学金按学年申请和评审，评定工作坚持公开、公平、公正的原则。

第八条 国家助学金申请与评审工作由高校组织实施。高校要根据本细则的规定，制定具体评审细则，并抄送中央主管部门或省级教育部门。高校在开展国家助学金评审工作中，要对农林水地矿油核等学科专业学生予以适当倾斜。

第九条 高校学生资助管理机构结合本校家庭经济困难学生等级认定情况，组织评审，提出享受国家助学金资助初步名单及资助档次，报学校评审领导小组研究通过后，于每年11月10日前，将本校当年国家助学金政策的落实情况按隶属关系报送中央主管部门或省级教育部门。

第十条 高校应足额按月将国家助学金发放到受助学生手中。

第十一条 高校应切实加强管理，认真做好国家助学金的评审和发放工作，确保国家助学金用于资助家庭经济困难的学生。

本专科生在学制期限内，由于出国、疾病等原因办理保留学籍或休学等手续的，暂停对其发放国家助学金，待其恢复学籍后再行发放。超过基本修业年限的在校生不再享受国家助学金。

第十二条 民办高校（含独立学院）按照国家有关规定规范办学、举办者按照规定足额提取经费用于资助家庭经济困难学生的，其招收的符合本细则规定申请条件的普通本专科学生，也可以申请国家助学金，具体评审管理办法，由各地制定。

附：3-1.本专科生国家助学金申请表（样表）

附 3-1

本专科生国家助学金申请表(样表)

本人情况	姓名		性别		出生年月		照片
	民族		政治面貌		入学时间		
	学号				所在年级		
	身份证号码				联系电话		
	大学　　　　　学院(系)　　　专业　　班						

家庭经济情况	家庭人口总数					
	家庭月总收入		人均月收入		收入来源	
	家庭住址				邮政编码	

家庭成员情况	姓名	年龄	与本人关系	工作或学习单位

申请理由
   申请人签名:　　　　　　年　月　日

院系意见
   (公章)　　　　　年　月　日

学校审核意见
   (公章)　　　　　年　月　日

财政部 教育部 人力资源和社会保障部 退役军人部 中央军委国防动员部关于印发《学生资助资金管理办法》的通知

附4：

研究生国家奖学金实施细则

第一条 研究生国家奖学金，用于奖励纳入全国招生计划内的高校中表现优异的全日制研究生，旨在发展中国特色研究生教育，促进研究生培养机制改革，提高研究生培养质量。

第二条 研究生国家奖学金基本申请条件：

（一）具有中华人民共和国国籍；

（二）热爱祖国，拥护中国共产党的领导；

（三）遵守宪法和法律，遵守高等学校规章制度；

（四）诚实守信，道德品质优良；

（五）学习成绩优异，科研能力显著，发展潜力突出。

第三条 财政部、教育部根据各高校研究生规模、培养质量以及上一年度研究生国家奖学金执行情况，确定研究生国家奖学金年度分配名额。全国学生资助管理中心提出各省和中央主管部门所属高校研究生国家奖学金名额分配建议方案，报财政部、教育部审批。

第四条 财政部、教育部将审定的中央高校研究生国家奖学金分配名额下达全国学生资助管理中心，并抄送中央主管部门。全国学生资助管理中心将研究生国家奖学金名额书面告知中央高校。

财政部、教育部将审定的地方高校研究生国家奖学金分配名额下达省级财政、教育部门。省级财政、教育部门按程序将研究生国家奖学金分配名额下达相关高校。

第五条 高校分配研究生国家奖学金名额时应向基础学科和国家亟

需的学科（专业）倾斜。高校要统筹研究生国家奖学金和其他研究生奖学金的名额分配、评审和发放工作，充分发挥各类奖学金的激励作用。

第六条 研究生国家奖学金每学年评审一次，评审工作应坚持公开、公平、公正、择优的原则。

第七条 高校应建立健全与研究生规模和现有管理机构设置相适应的研究生国家奖学金评审组织机制，加强研究生国家奖学金管理工作。

第八条 高校与科研院所等其他研究生培养机构之间联合培养的研究生，原则上由高校对联合培养的研究生进行国家奖学金评审。

第九条 高校应成立研究生国家奖学金评审领导小组，由校主管领导、相关职能部门负责人、研究生导师代表等组成。评审领导小组负责制定本校研究生国家奖学金评审实施细则；制定名额分配方案；统筹领导、协调、监督本校评审工作；裁决学生对评审结果的申诉；指定有关部门统一保存本校的研究生国家奖学金评审资料。

第十条 高校下设的基层单位（含院、系、所、中心，下同）应成立研究生国家奖学金评审委员会，由基层单位主要领导任主任委员，研究生导师、行政管理人员、学生代表任委员，负责本单位研究生国家奖学金的申请组织、初步评审等工作。

第十一条 基层单位评审委员会主任委员负责组织委员会委员对申请研究生国家奖学金的学生进行初步评审，评审过程中应充分尊重本基层单位学术组织、研究生导师的推荐意见。基层单位评审委员会确定本单位获奖学生名单后，应在本基层单位内进行不少于5个工作日的公示。公示无异议后，提交高校研究生国家奖学金评审领导小组进行审定，审定结果在高校全范围内进行不少于5个工作日的公示。

第十二条 对研究生国家奖学金评审结果有异议的学生，可在基层单位公示阶段向所在基层单位评审委员会提出申诉，评审委员会应及时研究并予以答复。如学生对基层单位作出的答复仍存在异议，可在高校公示阶段向研究生国家奖学金评审领导小组提请裁决。

第十三条 中央高校将评审工作情况和评审结果报中央主管部门，地方高校将评审工作情况和评审结果报至省级财政、教育部门。评审材料包括反映本校评审依据、评审程序、名额分配及评审结果等情况的评审报告及获奖研究生汇总表。中央主管部门和省级财政、教育部门对所属高校评审情况和结果汇总后于每年11月10日前报送教育部。

第十四条 高等学校于每年12月31日前将当年研究生国家奖学金一次性发放给获奖学生，并将研究生获得国家奖学金情况记入学生学籍档案。

第十五条 财政部、教育部委托全国学生资助管理中心加强对研究生国家奖学金的管理，并颁发国家统一印制的荣誉证书。

附5：

研究生学业奖学金实施细则

第一条 研究生学业奖学金，用于激励研究生勤奋学习、潜心科研、勇于创新、积极进取，在全面实行研究生教育收费制度的情况下更好地支持研究生顺利完成学业。

第二条 本细则所称研究生是指中央高校纳入全国研究生招生计划的全日制研究生。

第三条 中央高校研究生学业奖学金由中央高校负责组织实施。中央高校应统筹利用财政拨款、学费收入、社会捐助等，根据研究生学业成绩、科研成果、社会服务等因素，确定研究生学业奖学金的覆盖面、等级、奖励标准，并根据实际情况动态调整。研究生学业奖学金名额分配应向基础学科和国家亟需的学科（专业、方向）倾斜。

第四条 研究生学业奖学金基本申请条件：

（一）具有中华人民共和国国籍；

（二）热爱祖国，拥护中国共产党的领导；

（三）遵守宪法和法律，遵守高等学校规章制度；

（四）诚实守信，品学兼优；

（五）积极参与科学研究和社会实践。

第五条 直博生和招生简章中注明不授予中间学位的本硕博、硕博连读学生，根据当年所修课程的层次阶段确定身份参与研究生学业奖学金的评定。在选修硕士课程阶段按照硕士研究生身份参与评定，进入选修博士研究生课程阶段按照博士研究生身份参与评定。

第六条 获得研究生学业奖学金奖励的研究生，符合相应条件的可以同时获得研究生国家奖学金、研究生国家助学金等其他研究生国家奖助政策以及校内其他研究生奖助政策资助。

第七条 中央高校应建立健全与本校研究生规模和管理机构相适应的研究生学业奖学金评审机制。

第八条 中央高校应成立研究生学业奖学金评审领导小组，由校主管领导、相关职能部门负责人、研究生导师代表等组成。评审领导小组按照本细则有关规定，负责制定本校研究生学业奖学金评审实施细则，制定名额分配方案，统筹领导、协调和监督本校评审工作，并裁决有关申诉事项。

第九条 中央高校下设的基层单位（含院、系、所、中心，下同）应成立研究生学业奖学金评审委员会，由基层单位主要领导任主任委员，研究生导师、行政管理人员、学生代表任委员，负责本单位研究生学业奖学金的申请组织、初步评审等工作。

第十条 基层单位研究生学业奖学金评审委员会确定本单位获奖学生名单后，应在本基层单位内进行不少于5个工作日的公示。公示无异议后，提交高校研究生学业奖学金评审领导小组审定，审定结果在高校范围内进行不少于5个工作日的公示。

第十一条 对研究生学业奖学金评审结果有异议的，可在基层单位公示阶段向所在基层单位评审委员会提出申诉，评审委员会应及时研究并予以答复。如申诉人对基层单位作出的答复仍存在异议，可在学校公示阶段向研究生学业奖学金评审领导小组提请裁决。

第十二条 研究生学业奖学金的评审工作应坚持公正、公平、公开、择优的原则，严格执行国家有关教育法规，杜绝弄虚作假。

第十三条 中央高校于每年12月31日前将当年研究生学业奖学金一次性发放给获奖学生，并将研究生获得学业奖学金情况记入学生学籍档案。

第十四条 各省（自治区、直辖市、计划单列市）财政、教育部门要根据本细则精神，确定地方财政对本省（自治区、直辖市、计划单列市）所属高校研究生学业奖学金的支持力度，适时修订地方所属高校研究生学业奖学金管理办法。

财政部 教育部 人力资源和社会保障部 退役军人部 中央军委
国防动员部关于印发《学生资助资金管理办法》的通知

附6：

研究生国家助学金实施细则

第一条 研究生国家助学金，用于资助普通高校纳入全国研究生招生计划的所有全日制研究生（有固定工资收入的除外），补助研究生基本生活支出。获得资助的研究生须具有中华人民共和国国籍。

第二条 全国学生资助管理中心根据各省（自治区、直辖市、计划单列市）和中央主管部门所属高校符合研究生国家助学金资助条件的在校学生人数，提出研究生国家助学金名额分配建议方案，报财政部、教育部审定。

第三条 高校应足额按月将研究生国家助学金发放到符合条件的学生手中。

第四条 直博生和招生简章中注明不授予中间学位的本硕博、硕博连读学生，根据当年所修课程的层次阶段确定身份参与国家助学金的发放。在选修硕士课程阶段按照硕士研究生身份发放研究生国家助学金；进入选修博士研究生课程阶段按照博士研究生身份发放研究生国家助学金。

第五条 研究生在学制期限内，由于出国、疾病等原因办理保留学籍或休学等手续的，暂停对其发放研究生国家助学金，待其恢复学籍后再行发放。超过基本修业年限的在校生不再享受研究生国家助学金。实行一年多次论文答辩并申请毕业的，或符合高校研究生培养计划可以申请提前毕业的，自学生办理毕业离校手续次月起，停发其研究生国家助学金。

附7：

服兵役高等学校学生国家教育资助实施细则

第一条 为推进国防和军队现代化建设，鼓励高等学校学生积极应征入伍服兵役，提高兵员征集质量，支持退役士兵接受系统的高等教育，提高退役士兵就业能力，国家对应征入伍服兵役高等学校学生实行国家教育资助。

第二条 本细则所称高等学校学生（以下简称高校学生）是指高校全日制普通专科（含高职）、本科、研究生、第二学士学位的毕业生、在校生和入学新生，以及成人高校招收的全日制普通专科（含高职）、本科的毕业生、在校生和入学新生。

第三条 应征入伍服兵役高校学生国家教育资助，是指国家对应征入伍服义务兵役、招收为士官的高校学生，在入伍时对其在校期间缴纳的学费实行一次性补偿或用于学费的国家助学贷款实行代偿；对应征入伍服义务兵役前正在高等学校就读的学生（含按国家招生规定录取的高校新生），服役期间按国家有关规定保留学籍或入学资格、退役后自愿复学或入学的，实行学费减免；对退役后，自主就业，通过全国统一高考或高职分类招考方式考入高等学校并到校报到的入学新生，实行学费减免。

第四条 下列高校学生不享受以上国家资助：

（一）在校期间已通过其他方式免除全部学费的学生；

（二）定向生（定向培养士官除外）、委培生和国防生；

（三）其他不属于服义务兵役或招收士官到部队入伍的学生。

第五条 获学费补偿学生在校期间获得国家助学贷款的，补偿资金应当首先用于偿还国家助学贷款。

第六条 获得国家助学贷款的高校在校生应征入伍后，国家助学贷款停止发放。

第七条 学费补偿、贷款代偿或学费减免资助期限为全日制普通高等学历教育一个学制期。对复学或入学后攻读更高层次学历的不在学费减免范围之内；攻读更高层次学历后二次入伍，可以类比第一次入伍享受更高层次学历教育阶段的资助。

学费补偿、贷款代偿或学费减免资助年限按照国家对专科（含高职）、本科、研究生、第二学士学位规定的基本修业年限据实计算。以入伍时间为准，入伍前已完成规定的修业年限，即为学费补偿或国家助学贷款代偿的年限；退役复学后接续完成规定的剩余修业年限，即为学费减免的年限；退役后考入高校的新生，规定的基本修业年限，即为学费减免的年限。

对专升本、本硕连读学制学生，在专科或本科学习阶段应征入伍的，以专科或本科规定的学习时间实行入伍资助，在本科或硕士学习阶段应征入伍的，以本科或硕士规定的学习时间实行入伍资助。中职高职连读学生入伍资助，以高职阶段学习时间计算。专升本、本硕连读、中职高职连读、第二学士学位毕业生学费补偿或国家助学贷款代偿的年限，分别按照完成本科、硕士、高职和第二学士学位阶段学习任务规定的学习时间计算。

第八条 学费补偿或国家助学贷款代偿应遵循以下程序：

（一）应征报名的高校学生登录全国征兵网，按要求在线填写、打印《应征入伍服兵役高等学校学生国家教育资助申请表Ⅰ》（附件7-1，以下简称《申请表Ⅰ》，一式两份）并提交高校学生资助管理部门。在校期间获得国家助学贷款的学生，需同时提供《国家助学贷款借款合同》复印件和本人签字的偿还贷款计划书。

（二）高校相关部门对《申请表Ⅰ》中学生的资助资格、标准、金额等相关信息审核无误后，在《申请表Ⅰ》上加盖公章，一份留存，一份返还学生。

（三）学生在征兵报名时将《申请表Ⅰ》交至入伍所在地县级人民政府征兵办公室（以下简称县级征兵办）。学生被批准入伍后，县级征兵办对《申请表Ⅰ》加盖公章并返还学生。

（四）学生将《申请表Ⅰ》原件和《入伍通知书》复印件，寄送至原就读高校学生资助管理部门。

（五）高校学生资助管理部门在收到学生寄送的《申请表Ⅰ》原件和《入伍通知书》复印件后，对各项内容进行复核，符合条件的，及时向学生进行学费补偿或国家助学贷款代偿。

对于办理高校国家助学贷款的学生，由高校按照还款计划，一次性向银行偿还学生高校国家助学贷款本息（学费部分），并将银行开具的偿还贷款票据交寄学生本人或其家长。偿还全部贷款后如有剩余资金，汇至学生指定的地址或账户。

对于在户籍所在县（市、区）办理了生源地信用助学贷款的学生，由高校根据学生签字的还款计划，将代偿资金一次性汇至学生指定的地址或账户。

第九条 退役后自愿回校复学或入学的学生和退役后考入高校的入学新生，到高校报到后向高校一次性提出学费减免申请，填报《应征入伍服兵役高等学校学生国家教育资助申请表Ⅱ》（附件7-2）并提交退役

财政部 教育部 人力资源和社会保障部 退役军人部 中央军委
国防动员部关于印发《学生资助资金管理办法》的通知

证书复印件。高校学生资助管理部门在收到申请材料后，及时对学生申请资格进行审核。符合条件的，及时办理学费减免手续，逐年减免学费。

第十条 入伍资助资金不足以偿还国家助学贷款的，学生应与经办银行重新签订还款计划，偿还剩余部分国家助学贷款。

第十一条 应征入伍服兵役的往届毕业生，申请国家助学贷款代偿的，应由学生本人继续按原还款协议自行偿还贷款，学生本人凭贷款合同和已偿还的贷款本息银行凭证向学校申请代偿资金。

第十二条 每年10月31日前，中央高校应将本年度入伍资助经费使用等情况，报全国学生资助管理中心审核。地方高校应将本年度入伍资助经费使用等情况，报各省（自治区、直辖市、计划单列市，以下统称省）学生资助管理中心；各省学生资助管理中心审核无误后，于每年11月10日前，报送全国学生资助管理中心。

第十三条 因故意隐瞒病史或弄虚作假、违法犯罪等行为造成退兵的学生，以及因拒服兵役被部队除名的学生，高校应取消其受助资格。各省人民政府征兵办公室应在接收退兵后及时将被退回学生的姓名、就读高校、退兵原因等情况逐级上报至国防部征兵办公室，并按照学生原就读高校的隶属关系，通报同级教育部门。

第十四条 被部队退回或除名并被取消资助资格的学生，如学生返回其原户籍所在地，已补偿的学费或代偿的国家助学贷款资金由学生户籍所在地县级教育部门会同同级人民政府征兵办公室收回；如学生返回其原就读高校，已补偿的学费或代偿的国家助学贷款资金由学生原就读高校会同退役安置地县级征兵办收回。各县级教育部门和各高校应在收回资金后，及时逐级汇总上缴全国学生资助管理中心。收回资金按规定作为下一年度学费补偿或国家助学贷款代偿经费。

第十五条 因部队编制员额缩减、国家建设需要、因战因公负伤致残、因病不适宜在部队继续服役、家庭发生重大变故需要退役等原因，经组织批准提前退役的学生，仍具备受助资格。其他非正常退役学生的资助资格认定，由高校所在地省级人民政府征兵办公室会同同级教育部门确定。

第十六条 高校要严格按照规定要求，对入伍资助学生的申请进行认真审核，及时办理补偿代偿和学费减免；各级兵役机关要做好申请学费资助学生的入伍和退役的相关认证工作，第一时间发放《入伍通知书》；各级退役军人事务部门要做好自主就业退役士兵的身份认证等工作。

附：7-1. 应征入伍服兵役高等学校学生国家教育资助申请表 Ⅰ

7-2. 应征入伍服兵役高等学校学生国家教育资助申请表 Ⅱ

附 7-1

应征入伍服兵役高等学校学生国家教育资助申请表 I

个人基本信息（学生本人填写）						
姓名		性别		出生年月		照片
就读高校		高校隶属关系	□中央 □地方	政治面貌		
学历		专业		学制		
年级		院系班级		学号		
入学时间		身份证号				
学校资助部门 地址及邮编						
入学前户籍所在县 （市、区）	省（区/市）		市（地/州/盟）		县（市/区/旗）	
现家庭地址及邮编						
本人联系电话			本人其他联系方式				
父亲姓名及联系方式						
母亲姓名及联系方式						
其他亲属及联系方式						
申请补偿或代偿（学生本人填写，只可选择一项）			□学费补偿　□国家助学贷款代偿			
在校期间缴纳学费情况（学生本人填写）					
应缴纳学费金额（元）				实际缴纳学费金额（元）		
在校期间获得国家助学贷款情况（学生向经办银行或经办地县级资助机构确认后填写）					
高校国家助学贷款			生源地信用助学贷款			
贷款本金（元）			贷款本金（元）			
贷款利息（元）			贷款利息（元）			
贷款银行名称			贷款银行名称			
还款账户账号			还款账户账号			
还款账户户名			还款账户户名			
还款账户开户行地址			还款账户开户行地址			

— 155 —

（续表）

学生银行账户信息	
开户银行名称：	
开户银行账号：	
开户人户名：	
开户银行地区：	省（区/市）　　　市（地/州/盟）

本人已阅读并了解关于"服兵役高等学校学生国家教育资助实施细则"的有关内容，承诺上述提供的资料真实、有效。

申请人签字：　　　　　　　　　　　　　　年　月　日

※※※※※※ 以下由学校和征兵部门填写 ※※※※※※

高校审核情况	
学校财务部门审核意见	经审核，该同学应缴纳学费＿＿＿元。实际缴纳学费＿＿＿元，实际获得国家助学贷款＿＿＿元。 签字：　　　　　　单位公章　　　　　年　月　日
学校学生资助管理部门审查意见	经审查，情况属实。该同学批准入伍服兵役后，同意补偿学费＿＿＿元。 签字：　　　　　　单位公章　　　　　年　月　日
	经审查，情况属实。该同学批准入伍服兵役后，同意代偿国家助学贷款本金＿＿元，利息＿＿元（利息起止时间：＿＿＿＿）。 签字：　　　　　　单位公章　　　　　年　月　日
批准入伍地县级人民政府征兵办公室意见	
＿＿＿＿＿＿同志积极报名应征，经我办体检、政审合格，批准入伍服兵役（□士兵 □士官），入伍批准书号为：＿＿＿＿，入伍通知书号为：＿＿＿＿＿＿。 签字：　　　　　单位公章　　　　联系电话：　　　　　　年　月　日	
学校复核意见	
上述审查意见属实。 　　　　　　　　　　　　　　　　　单位公章　　　　　　年　月　日	

说明：1. 申请学生通过全国征兵网在线填写、打印本表。
　　　2. 本表一式两份，一份由高校留存备查，另一份供学生履行相应审批程序时使用。

财政部　教育部　人力资源和社会保障部　退役军人部　中央军委国防动员部关于印发《学生资助资金管理办法》的通知

附 7-2

应征入伍服兵役高等学校学生国家教育资助申请表 Ⅱ

个人基本信息(学生本人填写)							
姓名		性别		政治面貌		出生年月	
申请类型 (二选一)	□退役复学 □退役入学	就读高校		高校隶属关系	□中央 □地方	学号	照片
院系		专业		班级		联系电话	
身份证号				现住址			
就学和服役情况(学生本人填写)							
考入本校年月		参加何种考试考入本校		服役前获得的最高学历		现阶段就读学历层次	
入伍时间		退役时间		复学时间(退役入学不填)		考入本校以前是否享受过本政策资助	□是 □否
申请学费减免情况(学生向学校确认后填写)							
学制年限		剩余就读年限(退役入学不填)		申请学费减免总计(元)		第一学年学费(元)	
第一学年学费(元)		第二学年学费(元)		第四学年学费(元)		第五学年学费(元)	备注
※※※※※※ 以下由学校、征兵和退役军人事务部门填写 ※※※※※※							
退役安置地县级人民政府征兵办公室意见							
经确认，_____同志_____年_____月入伍服兵役，_____年_____月退出现役。退役证书号为：_____。 签字：　　　　联系电话：　　　　单位公章　　　　年　月　日							
退役安置地退役军人事务部门意见(仅退役入学学生填写)							
经确认，_____同志_____年_____月退出现役，属于自主就业。 签字：　　　　联系电话：　　　　单位公章　　　　年　月　日							

（续表）

	高校审核情况
财务部门审核意见	经审核，该生复学（入学）后应缴纳学费_____元/每年，根据规定给予学费减免____年，总计_____元。 签字：　　　　部门公章　　　　年 月 日
资助部门审查意见	经审查，情况属实。根据规定，同意学费减免_____年，总计_____元。 签字：　　　　部门公章　　　　年 月 日
学校复核意见	上述审查意见属实。 　　　　　　　单位公章　　　　年 月 日

说明：1.申请学生通过全国征兵网在线填写、打印本表。2.退役复学是指已先取得高校学籍（或已被高校录取）后再服兵役，退役后返校继续学习。3.退役入学是指学生先服兵役，退役后考入高校学习。

财政部 教育部 人力资源和社会保障部 退役军人部 中央军委国防动员部关于印发《学生资助资金管理办法》的通知

附8：

基层就业学费补偿国家助学贷款代偿实施细则

第一条 为引导和鼓励高校毕业生面向中西部地区和艰苦边远地区基层单位就业，对到中西部地区和艰苦边远地区基层单位就业的中央高校应届毕业生实行学费补偿国家助学贷款代偿。

第二条 高校毕业生到中西部地区和艰苦边远地区基层单位就业、服务期在3年以上（含3年）的，其学费由国家实行补偿。在校学习期间获得用于学费的国家助学贷款（含高校国家助学贷款和生源地信用助学贷款，下同）的，代偿的学费优先用于偿还国家助学贷款本金及其全部偿还之前产生的利息。

第三条 本细则所称高校毕业生是指中央部门所属普通高等学校中的全日制本专科生（含高职、第二学士学位）、研究生应届毕业生。定向、委培以及在校学习期间已享受免除学费政策的学生除外。

第四条 本细则所称西部地区是指西藏、内蒙古、广西、重庆、四川、贵州、云南、陕西、甘肃、青海、宁夏、新疆等12个省（自治区、直辖市）。

中部地区是指河北、山西、吉林、黑龙江、安徽、江西、河南、湖北、湖南、海南等10个省。

艰苦边远地区是指除上述地区外，国务院规定的艰苦边远地区。

第五条 本细则中所称基层单位是指：

（一）工作地点在县以下（不含县政府所在地）乡（镇、街道）；

（二）工作地点在县级的乡（镇、街道）政府机关、农村中小学、国有农（牧、林）场、农业技术推广站、畜牧兽医站、乡镇卫生院、计划生育服务站、乡镇文化站等；气象、地震、地质、水电施工、煤炭、石油、航海、核工业等中央单位艰苦行业生产第一线。

县级以上（含县级）各局（委员会、办公室）、高等学校、公安机关支队级以上（含支队级）等不属于基层单位；金融、通讯、烟酒、飞机及列车乘务、房地产及其相关产业等特殊行业，不属于基层单位。

第六条 凡符合以下全部条件的高校毕业生，可申请学费补偿或国家助学贷款代偿：

（一）拥护中国共产党的领导，热爱祖国，遵守宪法和法律；

（二）在校期间遵守学校各项规章制度，诚实守信，道德品质良好，学习成绩合格；

（三）毕业时自愿到中西部地区和艰苦边远地区基层单位工作、服务期在3年以上（含3年）。

第七条 专科（含高职）、本科、研究生和第二学士学位毕业生学费补偿或国家助学贷款代偿的年限，分别按照国家规定的相应学制计算。

第八条 国家对到中西部地区和艰苦边远地区基层单位就业的获得学费补偿和国家助学贷款代偿资格的高校毕业生采取分年度补偿代偿的办法，学生毕业后每年补偿学费或代偿国家助学贷款总额的1/3，3年补偿代偿完毕。

第九条 符合条件的高校毕业生，按以下程序申请学费补偿和国家助学贷款代偿：

（一）高校毕业生本人在办理离校手续时向学校递交《学费补偿国家助学贷款代偿申请表》（附件8-1）和毕业生本人、就业单位与学校三方签署的到中西部地区和艰苦边远地区基层单位服务3年以上的就业协议。

（二）高校根据上述材料，按本细则规定，审查申请资格；在每年6月底前，将符合条件的高校毕业生相关材料集中报送全国学生资助管理

财政部　教育部　人力资源和社会保障部　退役军人部　中央军委国防动员部关于印发《学生资助资金管理办法》的通知

中心审核。对存在"二次定岗"的毕业生，高校应在毕业生提交有关证明材料并经审查后，最迟于当年 12 月底前将申请材料集中报送全国学生资助管理中心审核。

第十条　高校需在每年 6 月 30 日前将获得学费补偿和国家助学贷款代偿资格的高校毕业生当年在职在岗情况报送全国学生资助管理中心。

第十一条　除因正常调动、提拔、工作需要换岗而离开中西部地区和艰苦边远地区基层单位外，对于未满 3 年服务年限，提前离开中西部地区和艰苦边远地区基层单位的高校毕业生，取消学费补偿和国家助学贷款代偿资格。

对于取消学费补偿资格的毕业生，高校应及时将有关情况报送全国学生资助管理中心。全国学生资助管理中心从当年开始停止对其学费的补偿。

对于取消国家助学贷款代偿资格的毕业生，改由其本人负责偿还余下的国家助学贷款本息。

对于不及时向高校提出取消学费补偿和国家助学贷款代偿资格申请、提前离岗的高校毕业生，一律视为严重违约，国家有关部门要将其不良信用记录及时录入国家金融业统一征信平台相关数据库。

第十二条　高校在收到全国学生资助管理中心拨付的补偿代偿资金后，应于 15 个工作日内返还给高校毕业生本人或代为偿还给高校毕业生国家助学贷款经办银行。

第十三条　对于弄虚作假的高校和高校毕业生，一经查实，除收回国家补偿代偿资金外，将按有关规定追究相关责任。

第十四条　各省（自治区、直辖市）要参照本细则适时修订吸引和鼓励高校毕业生面向艰苦边远地区基层单位就业的学费补偿和国家助学贷款代偿办法。

附：8-1.学费补偿国家助学贷款代偿申请表

附 8-1

学费补偿国家助学贷款代偿申请表

填报日期：　　年　月　日

姓名		性别		政治面貌		出生年月	
毕业学校				所学专业			
毕业时间				已签订的服务年限			
本人联系电话				电子邮件地址			
家庭地址及邮编							
就业单位名称							
就业单位地址及邮编							
就业单位联系电话							
实际交纳学费金额*		贷款本金*			申请补偿代偿金额		

院（系）审查意见：

单位公章：　　　　　　　　　　　　　　　年　月　日

毕业学校财务部门对实际交纳学费及获得国家助学贷款的审查意见：

单位公章：　　　　　　　　　　　　　　　年　月　日

毕业学校学生资助管理中心审查意见：

单位公章：　　　　　　　　　　　　　　　年　月　日

（续表）

毕业学校审查意见：			
	单位公章：		年 月 日
全国学生资助管理中心审核意见： 经审核，同意办理补偿代偿手续，最终核定补偿代偿金额人民币____元。			
	单位公章：		年 月 日

注：* 此处金额为申请人最后学历相应学制规定年限内的学费金额和贷款金额。

附9：

中等职业教育国家奖学金实施细则

第一条 中等职业教育国家奖学金（以下简称国家奖学金），用于奖励中等职业学校（含技工学校，下同）全日制在校生中学习成绩、技能表现等方面特别优秀的学生，激励学生勤奋学习、磨炼技能，德、智、体、美、劳全面发展。

第二条 国家奖学金的基本申请条件：

（一）具有中华人民共和国国籍；

（二）热爱祖国，拥护中国共产党的领导；

（三）遵守法律法规，遵守《中等职业学校学生公约》，遵守学校规章制度；

（四）诚实守信，道德品质优良；

（五）在校期间学习成绩优异，专业技能、社会实践、创新能力、综合素质等方面表现特别优秀。

第三条 全国学生资助管理中心会同全国技工院校学生资助管理工作办公室，根据中等职业学校全日制二年级（含）以上在校生数等因素，提出国家奖学金名额分配建议方案，报教育部、人力资源社会保障部、财政部同意后，联合下达国家奖学金名额，并组织实施国家奖学金评审工作。

第四条 国家奖学金每学年评审一次，实行等额评审，坚持公开、公平、公正、择优的原则。

第五条 中等职业学校学生资助管理机构具体负责组织国家奖学金

申请受理、评审等工作，提出本校当年国家奖学金获奖学生建议名单，报学校领导集体研究审定后，在校内进行不少于5个工作日的公示。

公示无异议后，每年10月31日前，中等职业学校将评审结果按照程序分别报送省级教育、人力资源社会保障部门。

省级教育部门会同省级人力资源社会保障部门审核、汇总后，于每年11月10日前统一报送全国学生资助管理中心。全国学生资助管理中心、全国技工院校学生资助管理工作办公室联合组织完成国家级评审工作。

第六条　中等职业学校于每年12月31日前将当年国家奖学金一次性发放给获奖学生，并将获得国家奖学金情况记入学生学籍档案。

第七条　财政部、教育部、人力资源社会保障部委托全国学生资助管理中心、全国技工院校学生资助管理工作办公室加强对国家奖学金的管理，并颁发国家统一印制的荣誉证书。

附10：

中等职业教育免学费实施细则

第一条 中等职业教育免学费，是指对中等职业学校全日制学历教育正式学籍一、二、三年级在校生中农村（含县镇）学生、城市涉农专业学生、城市家庭经济困难学生、民族地区学校就读学生、戏曲表演专业学生免除学费（其他艺术类相关表演专业学生除外）。

第二条 中等职业学校应按规定受理学生申请，组织初审，按程序报至同级学生资助管理机构审核、汇总。审核结果应在学校内进行不少于5个工作日的公示。公示时，严禁涉及学生个人敏感信息及隐私。

第三条 中等职业学校应及时更新全国学生资助管理信息系统、全国技工院校信息管理系统数据，确保学生资助信息真实准确。

第四条 每年春季学期开学前，各地教育和人力资源社会保障部门按职责对中等职业学校办学资质进行全面清查并公示，对年检不合格的学校，取消其享受免学费补助资金的资格，并根据《中华人民共和国民办教育促进法》的规定，加强对民办中等职业学校的监管。纳入免学费补助范围的民办学校名单由省级教育和人力资源社会保障部门确定。

第五条 中等职业教育学生资助工作实行学校法人代表负责制，校长是第一责任人，对学校资助工作负主要责任。学校应当完善机构和人员配备，指定专人具体负责资助工作。

第六条 中等职业学校对家庭经济困难的新生，可先办理入学手续，根据核实后的家庭经济情况予以相应资助。

财政部　教育部　人力资源和社会保障部　退役军人部　中央军委国防动员部关于印发《学生资助资金管理办法》的通知

附11：

中等职业教育国家助学金实施细则

第一条 中等职业教育国家助学金（以下简称国家助学金）用于资助中等职业学校全日制学历教育正式学籍一、二年级在校涉农专业学生和非涉农专业家庭经济困难学生。

第二条 国家助学金的基本申请条件：

（一）热爱祖国，拥护中国共产党的领导；

（二）遵守宪法和法律，遵守学校规章制度；

（三）诚实守信，道德品质优良；

（四）勤奋学习，积极上进；

（五）家庭经济困难，生活俭朴。

第三条 国家助学金原则上按学年申请和评定，每学期动态调整。

第四条 学校应当按照《教育部等六部门关于做好家庭经济困难学生认定工作的指导意见》（教财〔2018〕16号）要求，结合实际细化《家庭经济困难学生认定申请表（样表）》，组织申请学生认真填写，并加强审核，做好家庭经济困难学生认定工作。学校应将相关申请材料随入学通知书一并寄发给录取的新生。

第五条 学校一般在5个工作日内按规定受理学生申请，接收相关材料，按照公开、公平、公正的原则组织初审，按程序报至同级学生资助管理机构审核、汇总。审核结果应在学校内进行不少于5个工作日的公示。公示时，严禁涉及学生个人敏感信息及隐私。

第六条 国家助学金通过中职学生资助卡、社会保障卡等方式发放

给受助学生，原则上按学期发放，鼓励有条件的地区实行按月发放。发卡银行及学校不得向学生收取卡费等费用，不得以实物或服务等形式抵顶或扣减国家助学金。确因特殊情况无法办理中职学生资助卡、社会保障卡的，须经省级学生资助管理部门批准后方可通过现金发放。

第七条 学校应及时更新全国学生资助管理信息系统、全国技工院校信息管理系统数据，确保学生资助信息真实准确。

第八条 中等职业教育学生资助工作实行学校法人代表负责制，校长是第一责任人，对学校学生资助工作负主要责任。学校应当完善机构和人员配备，指定专人具体负责资助工作。

附12：

普通高中免学杂费实施细则

第一条 普通高中免学杂费，是指对具有正式注册学籍的普通高中原建档立卡等家庭经济困难学生（含非建档立卡的家庭经济困难残疾学生、农村低保家庭学生、农村特困救助供养学生）免学杂费。

第二条 普通高中应当按照《教育部办公厅等四部门关于印发〈普通高中建档立卡家庭经济困难学生免除学杂费政策对象的认定及学杂费减免工作暂行办法〉的通知》（教财厅〔2016〕4号）和《教育部等六部门关于做好家庭经济困难学生认定工作的指导意见》（教财〔2018〕16号）要求，对新进入普通高中就读的原建档立卡等家庭经济困难学生，做好重新认定工作，符合条件的方可享受免学杂费政策。其中，对于存在返贫或致贫风险的原建档立卡等家庭经济困难学生，应将其认定为可以享受免学杂费政策。

第三条 普通高中学校要严格落实"脱贫不脱政策"要求，按规定程序对符合条件的学生免学杂费，保障家庭经济困难学生顺利完成高中学业，并将执行情况报至同级学生资助管理机构。

第四条 普通高中学校应根据受助学生变动情况，及时更新全国学生资助管理信息系统相关数据，确保学生资助信息真实准确。

第五条 各地教育部门应当根据《中华人民共和国民办教育促进法》的规定，加强对民办普通高中学校的监管，纳入免学杂费补助范围的民办学校名单由省级教育部门确定。

第六条 普通高中学生资助工作实行学校法人代表负责制,校长是第一责任人,对学校学生资助工作负主要责任。学校应当完善机构和人员配备,指定专人具体负责资助工作。

第七条 普通高中学校对家庭经济困难的新生,可先办理入学手续,根据核实后的家庭经济情况予以相应资助。

附13：

普通高中国家助学金实施细则

第一条 普通高中国家助学金（以下简称国家助学金）用于资助具有正式注册学籍的普通高中在校生中的家庭经济困难学生。

第二条 国家助学金的基本申请条件：

（一）热爱祖国，拥护中国共产党的领导；

（二）遵守宪法和法律，遵守学校规章制度；

（三）诚实守信，道德品质优良；

（四）勤奋学习，积极上进；

（五）家庭经济困难，生活俭朴。

第三条 国家助学金原则上按学年申请和评定，每学期动态调整。

第四条 普通高中应当按照《教育部等六部门关于做好家庭经济困难学生认定工作的指导意见》（教财〔2018〕16号）要求，结合实际细化《家庭经济困难学生认定申请表（样表）》，组织申请学生认真填写，加强审核，做好家庭经济困难学生认定工作。

第五条 学校于每学年开学后30日内受理学生申请，并结合家庭经济困难学生等级认定情况，对学生提交的申请材料，组织由学校领导、班主任和学生代表组成的评审小组进行认真评审，审核结果应在学校内进行不少于5个工作日的公示。公示时，严禁涉及学生个人敏感信息及隐私。

第六条 国家助学金通过普通高中学生资助卡、社会保障卡等方式发放给受助学生。原则上按学期发放。发卡银行及学校不得向学生收取

卡费等费用，不得以实物或服务等形式抵顶或扣减国家助学金。确因特殊情况无法办理普通高中学生资助卡、社会保障卡的，须经省级学生资助管理部门批准后方可通过现金发放。

第七条 学校应及时更新全国学生资助管理信息系统数据，确保学生资助信息完整准确。

第八条 普通高中学生资助工作实行学校法人代表负责制，校长是第一责任人。学校应当完善机构和人员配备，指定专人具体负责资助工作。

财政部关于修改《财政票据管理办法》的决定

中华人民共和国财政部令第 104 号

《财政部关于修改〈财政票据管理办法〉的决定》已经 2020 年 11 月 26 日第二次部务会议审议通过，现予公布，自 2021 年 1 月 1 日起施行。

部长 刘昆

2020 年 12 月 3 日

财政部关于修改《财政票据管理办法》的决定

为进一步强化财政票据管理，经财政部部务会议审议决定，对《财政票据管理办法》作如下修改：

一、将第二条、第四条、第十三条、第二十八条、第三十条、第三十七条和第三章章名中的"印制"修改为"监（印）制"。

二、将第二条、第十九条至第二十四条、第三十四条、第三十五条

和第四章章名中的"领购"修改为"领用"。

三、将第三条第一款中的"简称"修改为"统称",并将第二款修改为:"财政票据是财务收支和会计核算的原始凭证,包括电子和纸质两种形式。财政电子票据和纸质票据具有同等法律效力,是财会监督、审计监督等的重要依据。"

四、将第四条第三款中的"省、自治区、直辖市人民政府财政部门(以下简称省级财政部门)"修改为"省、自治区、直辖市人民政府财政部门,新疆生产建设兵团财政局(以下简称省级财政部门)"。

五、将第五条修改为:"财政部门应当积极推进财政电子票据管理改革,以数字信息代替纸质文件、以电子签名代替手工签章,依托计算机和信息网络技术开具、存储、传输和接收财政电子票据,实现电子开票、自动核销、全程跟踪、源头控制。"

六、增加一条,作为第六条:"财政部门通过有关票据公共服务平台提供财政电子票据真伪查验服务。"

七、将第六条改为第七条,并删去该条第一项第二目。

八、将第七条改为第八条,修改为:"财政票据应当包括票据名称、票据编码、票据监制章、项目、标准、数量、金额、交款人、开票日期、开票单位、开票人、复核人等内容。"

九、将第八条改为第九条,修改为:"纸质票据一般包括存根联、收据联、记账联。存根联由开票方留存,收据联由支付方收执,记账联由开票方留做记账凭证。

"非税收入一般缴款书一般设置五联,包括回单联、借方凭证、贷方凭证、收据联、存根联。回单联退执收单位,借方凭证和贷方凭证分

财政部关于修改《财政票据管理办法》的决定

别由缴款人、收款人开户银行留存,收据联由缴款人收执,存根联由执收单位留存。"

十、增加一条,作为第十一条:"财政票据实行全国统一的式样、编码规则和电子票据数据标准,由财政部负责制定。

"电子票据数据标准包括数据要素、数据结构、数据格式和防伪方法等内容。各级财政部门应当按照统一的财政电子票据数据标准,生成、传输、存储和查验财政电子票据。"

十一、将第十条改为第十二条,并将第二款中的"财政部门"修改为"财政部"。

十二、删去第十一条。

十三、将第十四条改为第十五条,并删去该条中的"防伪专用品"。

十四、删去第十七条。

十五、增加一条,作为第二十条:"财政部门及其工作人员应当为申领单位提供便利,一次性告知领用财政票据的相关程序、材料、要求及依据等内容。"

十六、将第二十条改为第二十一条,修改为:"首次领用财政票据,应当按照规定程序办理《财政票据领用证》。

"办理《财政票据领用证》,应当提交申请函,填写《财政票据领用证申请表》,并且按要求提供与票据种类相关的可核验信息,并对提供信息的真实性承担法律责任。"

十七、将第二十一条改为第二十二条,并将第二款修改为:"《财政票据领用证》应当包括单位基本信息、领用票据名称和项目名称、领用票据记录、检查核销票据记录、检查核销结果记录等项目。"

十八、将第二十二条改为第二十三条，修改为："再次领用财政票据，应当出示《财政票据领用证》，提供前次票据使用情况，包括票据的种类、册（份）数、起止号码、使用份数、作废份数、收取金额及票据存根等内容。受理申请的财政部门审核后，发放财政票据。"

十九、删去第二十五条。

二十、增加一条，作为第二十七条："财政票据使用单位开具电子票据，应当确保电子票据及其元数据自形成起完整无缺、来源可靠，未被非法更改，传输过程中发生的形式变化不得影响财政电子票据内容的真实、完整。"

二十一、将第二十七条改为第二十八条，并将第二款中的"财政票据"修改为"纸质票据"。

二十二、增加一条，作为第三十三条："财政票据使用单位和付款单位应当准确、完整、有效接收和读取财政电子票据，并按照会计信息化和会计档案等有关管理要求归档入账。"

二十三、将第三十二条改为第三十四条，并将该条中的"财政票据"修改为"纸质票据"。

二十四、将第四十条改为第四十二条，并将第一款修改为："单位和个人违反本办法规定，有下列行为之一的，由县级以上财政部门责令改正并给予警告；对非经营活动中的违法行为，处以 1 000 元以下罚款；对经营活动中的违法行为，有违法所得的，处以违法所得金额 3 倍以下不超过 30 000 元的罚款，没有违法所得的，处以 10 000 元以下罚款；构成犯罪的，依法追究刑事责任：

"（一）违反规定印制财政票据；

财政部关于修改《财政票据管理办法》的决定

"（二）转让、出借、串用、代开财政票据；

"（三）伪造、变造、买卖、擅自销毁财政票据；

"（四）提供虚假信息骗取和冒领财政票据；

"（五）伪造、使用伪造的财政票据监制章；

"（六）未按规定使用财政票据监制章；

"（七）在境外印制财政票据；

"（八）其他违反财政票据管理规定的行为。"

二十五、将第四十一条改为第四十三条，并将该条中的"涉嫌犯罪的，依法移送司法机关"修改为"构成犯罪的，依法追究刑事责任"。

二十六、将第四十二条改为第四十四条，并将第二款中的"复核"修改为"复审复核"。

此外，对条文顺序和个别文字作相应调整和修改。

本决定自 2021 年 1 月 1 日起施行。

《财政票据管理办法》根据本决定作相应修改，重新公布。

财政票据管理办法

（2012 年 10 月 22 日财政部令第 70 号公布　根据 2020 年 12 月 3 日《财政部关于修改〈财政票据管理办法〉的决定》修改）

第一章　总　　则

第一条　为了规范财政票据行为，加强政府非税收入征收管理和单位财务监督，维护国家财经秩序，保护公民、法人和其他组织的合法权益，根据国家有关规定，制定本办法。

第二条 财政票据的监（印）制、领用、发放、使用、保管、核销、销毁及监督检查等活动，适用本办法。

第三条 本办法所称财政票据，是指由财政部门监（印）制、发放、管理，国家机关、事业单位、具有公共管理或者公共服务职能的社会团体及其他组织（以下统称"行政事业单位"）依法收取政府非税收入或者从事非营利性活动收取财物时，向公民、法人和其他组织开具的凭证。

财政票据是财务收支和会计核算的原始凭证，包括电子和纸质两种形式。财政电子票据和纸质票据具有同等法律效力，是财会监督、审计监督等的重要依据。

第四条 财政部门是财政票据的主管部门。

财政部负责全国财政票据管理工作，承担中央单位财政票据的监（印）制、发放、核销、销毁和监督检查等工作，指导地方财政票据管理工作。

省、自治区、直辖市人民政府财政部门，新疆生产建设兵团财政局（以下简称省级财政部门）负责本行政区域财政票据的监（印）制、发放、核销、销毁和监督检查等工作，指导下级财政部门财政票据管理工作。

省级以下财政部门负责本行政区域财政票据的申领、发放、核销、销毁和监督检查等工作。

第五条 财政部门应当积极推进财政电子票据管理改革，以数字信息代替纸质文件、以电子签名代替手工签章，依托计算机和信息网络技术开具、存储、传输和接收财政电子票据，实现电子开票、自动核销、全程跟踪、源头控制。

第六条 财政部门通过有关票据公共服务平台提供财政电子票据真伪查验服务。

第二章 财政票据的种类、适用范围和内容

第七条 财政票据的种类和适用范围如下：

（一）非税收入类票据

1. 非税收入通用票据，是指行政事业单位依法收取政府非税收入时开具的通用凭证。

2. 非税收入一般缴款书，是指实施政府非税收入收缴管理制度改革的行政事业单位收缴政府非税收入时开具的通用凭证。

（二）结算类票据

资金往来结算票据，是指行政事业单位在发生暂收、代收和单位内部资金往来结算时开具的凭证。

（三）其他财政票据

1. 公益事业捐赠票据，是指国家机关、公益性事业单位、公益性社会团体和其他公益性组织依法接受公益性捐赠时开具的凭证。

2. 医疗收费票据，是指非营利医疗卫生机构从事医疗服务取得医疗收入时开具的凭证。

3. 社会团体会费票据，是指依法成立的社会团体向会员收取会费时开具的凭证。

4. 其他应当由财政部门管理的票据。

第八条 财政票据应当包括票据名称、票据编码、票据监制章、项

目、标准、数量、金额、交款人、开票日期、开票单位、开票人、复核人等内容。

第九条 纸质票据一般包括存根联、收据联、记账联。存根联由开票方留存，收据联由支付方收执，记账联由开票方留做记账凭证。

非税收入一般缴款书一般设置五联，包括回单联、借方凭证、贷方凭证、收据联、存根联。回单联退执收单位，借方凭证和贷方凭证分别由缴款人、收款人开户银行留存，收据联由缴款人收执，存根联由执收单位留存。

第三章 财政票据的监（印）制

第十条 财政票据由省级以上财政部门按照管理权限分别监（印）制。

第十一条 财政票据实行全国统一的式样、编码规则和电子票据数据标准，由财政部负责制定。

电子票据数据标准包括数据要素、数据结构、数据格式和防伪方法等内容。各级财政部门应当按照统一的财政电子票据数据标准，生成、传输、存储和查验财政电子票据。

第十二条 省级以上财政部门应当按照国家政府采购有关规定确定承印财政票据的企业，并与其签订印制合同。

财政票据印制企业应当按照印制合同和财政部规定的式样印制票据。

禁止私自印制、伪造、变造财政票据。

第十三条 财政票据应当套印全国统一式样的财政票据监制章。财政票据监制章的形状、规格和印色由财政部统一规定。

禁止伪造、变造财政票据监制章，禁止在非财政票据上套印财政票据监制章。

第十四条　财政票据应当使用中文监（印）制。民族自治地方的财政票据，可以加印一种当地通用的民族文字。有实际需要的，可以同时使用中外两种文字监（印）制。

第十五条　财政票据印制企业应当建立票据印制管理制度和保管措施，对财政票据式样模板、财政票据监制章印模等的使用和管理实行专人负责，不得将承印的财政票据委托其他企业印制，不得向委托印制票据的财政部门以外的其他单位或者个人提供财政票据。

第十六条　印制合同终止后，财政票据印制企业应当将印制票据所需用品、资料交还委托印制票据的财政部门，不得自行保留或者提供给其他单位或者个人。

第十七条　禁止在境外印制财政票据。

第四章　财政票据的领用与发放

第十八条　省级以下财政部门应当根据本地区用票需求，按照财政管理体制向上一级财政部门报送用票计划，申领财政票据。上级财政部门经审核后发放财政票据。

第十九条　财政票据实行凭证领用、分次限量、核旧领新制度。

领用财政票据，一般按照财务隶属关系向同级财政部门申请。

第二十条　财政部门及其工作人员应当为申领单位提供便利，一次性告知领用财政票据的相关程序、材料、要求及依据等内容。

第二十一条　首次领用财政票据，应当按照规定程序办理《财政票据领用证》。

办理《财政票据领用证》，应当提交申请函，填写《财政票据领用证申请表》，并且按要求提供与票据种类相关的可核验信息，并对提供信息的真实性承担法律责任。

第二十二条 受理申请的财政部门应当对申请单位提交的材料进行审核，对符合条件的单位，核发《财政票据领用证》，并发放财政票据。

《财政票据领用证》应当包括单位基本信息、领用票据名称和项目名称、领用票据记录、检查核销票据记录、检查核销结果记录等项目。

第二十三条 再次领用财政票据，应当出示《财政票据领用证》，提供前次票据使用情况，包括票据的种类、册（份）数、起止号码、使用份数、作废份数、收取金额及票据存根等内容。受理申请的财政部门审核后，发放财政票据。

第二十四条 领用未列入《财政票据领用证》内的财政票据，应当向原核发领用证的财政部门提出申请，并依照本办法规定提交相应材料。受理申请的财政部门审核后，应当在《财政票据领用证》上补充新增财政票据的相关信息，并发放财政票据。

第二十五条 财政票据一次领用的数量一般不超过本单位六个月的使用量。

第五章 财政票据的使用与保管

第二十六条 财政票据使用单位应当指定专人负责管理财政票据，建立票据使用登记制度，设置票据管理台账，按照规定向财政部门报送票据使用情况。

第二十七条 财政票据使用单位开具电子票据，应当确保电子票据

财政部关于修改《财政票据管理办法》的决定

及其元数据自形成起完整无缺、来源可靠,未被非法更改,传输过程中发生的形式变化不得影响财政电子票据内容的真实、完整。

第二十八条 财政票据应当按照规定填写,做到字迹清楚、内容完整真实、印章齐全、各联次内容和金额一致。填写错误的,应当另行填写。

因填写错误等原因而作废的纸质票据,应当加盖作废戳记或者注明"作废"字样,并完整保存各联次,不得擅自销毁。

第二十九条 填写财政票据应当统一使用中文。财政票据以两种文字监(印)制的,可以同时使用另一种文字填写。

第三十条 财政票据使用单位不得转让、出借、代开、买卖、擅自销毁、涂改财政票据;不得串用财政票据,不得将财政票据与其他票据互相替代。

第三十一条 省级财政部门监(印)制的财政票据应当在本行政区域内发放使用,但派驻外地的单位在派驻地使用的情形除外。

第三十二条 财政票据应当按照规定使用。不按规定使用的,付款单位和个人有权拒付款项,财务部门不得报销。

第三十三条 财政票据使用单位和付款单位应当准确、完整、有效接收和读取财政电子票据,并按照会计信息化和会计档案等有关管理要求归档入账。

第三十四条 纸质票据使用完毕,使用单位应当按照要求填写相关资料,按顺序清理纸质票据存根、装订成册、妥善保管。

纸质票据存根的保存期限一般为5年。保存期满需要销毁的,报经原核发票据的财政部门查验后销毁。保存期未满、但有特殊情况需要提前销毁的，应当报原核发票据的财政部门批准。

第三十五条　尚未使用但应予作废销毁的财政票据，使用单位应当登记造册，报原核发票据的财政部门核准、销毁。

第三十六条　财政票据使用单位发生合并、分立、撤销、职权变更，或者收费项目被依法取消或者名称变更的，应当自变动之日起15日内，向原核发票据的财政部门办理《财政票据领用证》的变更或者注销手续；对已使用财政票据的存根和尚未使用的财政票据应当分别登记造册，报财政部门核准、销毁。

第三十七条　财政票据或者《财政票据领用证》灭失的，财政票据使用单位应当查明原因，及时以书面形式报告原核发票据的财政部门，并自发现之日起3日内登报声明作废。

第三十八条　财政部门、财政票据印制企业、财政票据使用单位应当设置财政票据专用仓库或者专柜，指定专人负责保管，确保财政票据安全。

第六章　监督检查及罚则

第三十九条　财政部门应当建立健全财政票据监督检查制度，对财政票据监（印）制、使用、管理等情况进行检查。

第四十条　财政部门实施监督检查，应当按照规定程序和要求进行，不得滥用职权、徇私舞弊，不得向被检查单位收取费用。

第四十一条　财政票据使用单位和财政票据印制企业应当自觉接受财政部门的监督检查，如实反映情况，提供有关资料，不得隐瞒、弄虚作假或者拒绝、阻挠。

第四十二条 单位和个人违反本办法规定，有下列行为之一的，由县级以上财政部门责令改正并给予警告；对非经营活动中的违法行为，处以1 000元以下罚款；对经营活动中的违法行为，有违法所得的，处以违法所得金额3倍以下不超过30 000元的罚款，没有违法所得的，处以10 000元以下罚款；构成犯罪的，依法追究刑事责任：

（一）违反规定印制财政票据；

（二）转让、出借、串用、代开财政票据；

（三）伪造、变造、买卖、擅自销毁财政票据；

（四）提供虚假信息骗取和冒领财政票据；

（五）伪造、使用伪造的财政票据监制章；

（六）未按规定使用财政票据监制章；

（七）在境外印制财政票据；

（八）其他违反财政票据管理规定的行为。

单位和个人违反本办法规定，对涉及财政收入的财政票据有本条第一款所列行为之一的，依照《财政违法行为处罚处分条例》第十六条的规定予以处理、处罚。

第四十三条 财政部门、行政事业单位工作人员违反本办法规定，在工作中徇私舞弊、玩忽职守、滥用职权的，依法给予处分；构成犯罪的，依法追究刑事责任。

第四十四条 单位和个人对处理、处罚决定不服的，可以依法申请行政复议或者提起行政诉讼。

国家工作人员对处分不服的，可以依照有关规定申请复审复核或者提出申诉。

第七章 附 则

第四十五条 中国人民解放军和中国人民武装警察部队适用《军队票据管理规定》。

第四十六条 省级财政部门可以依据本办法,结合本地区实际情况制定具体实施办法,报财政部备案。

第四十七条 本办法自 2013 年 1 月 1 日起施行。1998 年 9 月 21 日财政部发布的《行政事业性收费和政府性基金票据管理规定》(财综字〔1998〕104 号)同时废止。

财政部关于印发中小学校执行《政府会计制度——行政事业单位会计科目和报表》的补充规定和衔接规定的通知

财会〔2018〕20号

教育部,各省、自治区、直辖市、计划单列市财政厅(局),新疆生产建设兵团财政局,有关单位:

《政府会计制度——行政事业单位会计科目和报表》(财会〔2017〕25号)自2019年1月1日起施行。为了确保新制度在中小学校的有效贯彻实施,我部制定了《关于中小学校执行〈政府会计制度——行政事业单位会计科目和报表〉的补充规定》和《关于中小学校执行〈政府会计制度——行政事业单位会计科目和报表〉的衔接规定》,现印发给你们,请遵照执行。

执行中有何问题,请及时反馈我部。

附件:

1.关于中小学校执行《政府会计制度——行政事业单位会计科目和报表》的补充规定

2.关于中小学校执行《政府会计制度——行政事业单位会计科目和

报表》的衔接规定

财政部
2018 年 8 月 14 日

附件 1：

关于中小学校执行《政府会计制度——行政事业单位会计科目和报表》的补充规定

根据《政府会计准则——基本准则》，结合行业实际情况，现就中小学校[①]执行《政府会计制度——行政事业单位会计科目和报表》（以下简称新制度）做出如下补充规定：

一、关于"事业支出"科目的明细核算要求

中小学校对"事业支出"科目的明细核算除了遵循新制度规定外，还应当参照本规定附表 1。

二、关于报表及编制说明

（一）新增项目及填列方法

中小学校应当在收入费用表的"（十一）其他收入"项目下增加"其中：食堂净收入"项目；应当在预算收入支出表的"（九）其他预算收入"

[①] 本规定所指的中小学校包括各级人民政府和接受国家经常性资助的社会力量举办的普通中小学校、中等职业学校、特殊教育学校、工读教育学校、成人中学和成人初等学校。各级人民政府和接受国家经常性资助的社会力量举办的幼儿园依照本规定执行。

项目下"其中:"后所列项目中增加"食堂净预算收入"项目。

"其中:食堂净收入"和"食堂净预算收入"两个项目的内容及填列方法详见本规定"三、关于中小学校食堂业务的会计处理"。

(二)关于报表附注

中小学校应当在财务报表附注中按照本规定附表 1 的格式披露事业支出的基本情况。

三、关于中小学校食堂业务的会计处理

中小学校食堂实行独立核算或对食堂收支等主要业务实行独立核算的,年末应当将食堂的报表信息并入学校相关报表的相应项目,并抵销中小学校与食堂的内部业务或事项对中小学校报表的影响。

但是,中小学校在编制收入费用表时,应当将食堂本年收入和费用相抵后的净额并入本表"其他收入"项目金额,并单独填列于该项目下的"食堂净收入"项目。如果食堂收入和费用相抵后的净额合计数为负数,则以"—"号填列。中小学校在编制预算收入支出表时,应当将食堂本年预算收支相抵后的净额并入本表"其他预算收入"项目金额,并单独填列于该项目下的"食堂净预算收入"项目。如果食堂预算收入和支出相抵后的净额合计数为负数,则以"—"号填列。

中小学校应当在年度财务报表附注中提供将食堂财务会计信息纳入学校财务报表情况的说明,包括内部业务或事项抵销处理的情况,食堂本年收入、费用情况。

四、固定资产折旧年限

通常情况下,中小学校应当按照附表 2 规定确定各类应计提折旧的固定资产的折旧年限。

五、生效日期

本规定自 2019 年 1 月 1 日起施行。

附表1：

中小学校事业支出明细表

事业支出（按照经费来源划分）

项目	合计	事业收入				非同级财政拨款			其他资金		
		小计	基本支出	项目支出		小计	基本支出	项目支出	小计	基本支出	项目支出

（同级财政拨款子列：小计、基本支出、项目支出）

项目	合计	同级财政拨款			事业收入			非同级财政拨款			其他资金		
		小计	基本支出	项目支出	小计	基本支出	项目支出	小计	基本支出	项目支出	小计	基本支出	项目支出
一、工资福利支出													
基本工资													
津贴补贴													
奖金													
伙食补助费													
绩效工资													
基本养老保险缴费													
职业年金缴费													
基本医疗保险缴费													
其他社会保障缴费													
住房公积金													
医疗费													

财政部关于印发中小学校执行《政府会计制度——行政事业单位会计科目和报表》的补充规定和衔接规定的通知

外聘教职工工资	外聘教职工社会保障缴费	其他工资福利支出	二、商品和服务支出	办公费	印刷费	咨询费	手续费	水费	电费	邮电费	取暖费	学校安保费	校园保洁费	校园绿化费	其他物业管理费	市内差旅费	国内差旅费	教师出国（境）培训费

(续表)

项目	合计	事业支出（按照经费来源划分）										其他资金		
		同级财政拨款			事业收入			非同级财政拨款						
		小计	基本支出	项目支出	小计	基本支出	项目支出	小计	同级财政拨款			小计	基本支出	项目支出
									基本支出	项目支出				
其他教职工出国（境）培训费														
教职工出国（境）考察费														
仪器设备维修（护）费														
信息系统维修（护）费														
房屋建筑物维修（护）费														
其他维修（护）费														
租赁费														
会议费														
教师培训费														
其他培训费														
公务接待费														
实验耗材费														
体育耗材费														
其他材料费														
劳务费														

财政部关于印发中小学校执行《政府会计制度——行政事业单位会计科目和报表》的补充规定和衔接规定的通知

委托业务费												
工会经费												
福利费												
校车运行维护费												
公务用车运行维护费												
其他交通费												
学生活动费												
学生出国(境)活动费												
教师出国和党团活动												
学校财产和责任保险费用												
税费和附加费												
财务及审计费												
诉讼费												
其他商品和服务支出												
三、对个人和家庭补助支出												
离休费												
退休费												
退职费												

（续表）

项目	合计	事业支出（按照经费来源划分）								其他资金	
		同级财政拨款			事业收入		非同级财政拨款			小计	基本支出	项目支出
		小计	基本支出	项目支出	基本支出	项目支出	小计	基本支出	项目支出			
抚恤金												
生活补助												
医疗费补助												
其中：（1）学生医疗费												
（2）教职工医疗费												
助学金												
其中：（1）助学金												
（2）奖学金												
（3）书本费												
（4）伙食补贴												
（5）学生校外践习津贴												
奖励金												
其他对个人和家庭补助支出												

财政部关于印发中小学校执行《政府会计制度——行政事业单位会计科目和报表》的补充规定和衔接规定的通知

四、资本性支出								
房屋建筑物购建								
办公设备购置								
专用设备购置								
仪器设备大型修缮								
房屋建筑物大型修缮								
信息网络及软件购置更新								
文物和陈列品购置								
图书购置								
无形资产购置								
其他资本性支出								
合计								

附表2：

中小学校固定资产折旧年限表

固定资产类别	折旧年限	备注
一、房屋及构筑物		
1.房屋		
钢结构	50年	
钢筋混凝土结构	50年	
砖混结构	30年	
砖木结构	30年	
2.简易房	8年	
3.房屋附属设施	8年	围墙、停车设施等
4.构筑物	8年	池、罐、槽、塔等
二、通用设备		
1.计算机设备	6年	计算机、网络设备、安全设备、终端设备、存储设备等
2.办公设备	6年	电话机、传真机、复印机、投影仪、多功能一体机、录音设备、电子白板、LED显示屏、触控一体机等
3.车辆	8年	校车、乘用车、载货汽车、专用车辆等
4.图书档案设备	5年	
5.机械设备	10年	电梯、制冷空调、锅炉等
6.电气设备	5年	电机、变压器、电源设备、生活用电器等
7.通信设备	5年	
8.广播、电视、电影设备	5年	
9.仪器仪表	5年	
10.电子和通信测量设备、	5年	

（续表）

固定资产类别	折旧年限	备注
11. 计量标准器具及量具、衡器	5 年	
三、专用设备		
1. 专用仪器仪表	5 年	教学专用仪器等
2. 文艺设备	5 年	乐器、舞台设备、影剧院设备等
3. 体育设备	5 年	田赛设备、径赛设备、球类设备、体育运动辅助设备等
4. 娱乐设备	5 年	
5. 公安专用设备	3 年	
6. 其他专用设备	10 年	
四、家具、用具及装具		
1. 家具	15 年	
其中：学生用家具（教学用）	5 年	
2. 用具和装具	5 年	

附件2：

关于中小学校执行《政府会计制度——行政事业单位会计科目和报表》的衔接规定

我部于2017年10月24日印发了《政府会计制度——行政事业单位会计科目和报表》（财会〔2017〕25号，以下简称新制度）。目前执行《中小学校会计制度》（财会〔2013〕27号，以下简称原制度）的中小学校[①]，自2019年1月1日起执行新制度，不再执行原制度。为了确保新旧会计制度顺利过渡，现对中小学校执行新制度及《关于中小学校执行〈政府会计制度——行政事业单位会计科目和报表〉的补充规定》（以下简称补充规定）的有关衔接问题规定如下：

一、新旧制度衔接总要求

（一）自2019年1月1日起，中小学校应当严格按照新制度及补充规定进行会计核算、编制财务报表和预算会计报表。

（二）中小学校应当按照本规定做好新旧制度衔接的相关工作，主要包括以下几个方面：

1.根据原账编制2018年12月31日的科目余额表，并按照本规定要求，编制原账的部分科目余额明细表（参见附表1、附表2）。

2.按照新制度及补充规定设立2019年1月1日的新账。

---

① 本规定所指的中小学校包括各级人民政府和接受国家经常性资助的社会力量举办的普通中小学校、中等职业学校、特殊教育学校、工读教育学校、成人中学和成人初等学校。各级人民政府和接受国家经常性资助的社会力量举办的幼儿园依照本规定执行。

3. 按照本规定要求,登记新账的财务会计科目余额和预算结余科目余额,包括将原账科目余额转入新账财务会计科目、按照原账科目余额登记新账预算结余科目(中小学校新旧会计制度转账、登记新账科目对照表见附表3),将未入账事项登记新账科目,并对相关新账科目余额进行调整。原账科目是指按照原制度规定设置的会计科目。

4. 按照登记及调整后新账的各会计科目余额,编制2019年1月1日的科目余额表,作为新账各会计科目的期初余额。

5. 根据新账各会计科目期初余额,按照新制度编制2019年1月1日资产负债表。

(三)及时调整会计信息系统。中小学校应当按照新制度及补充规定要求对原有会计信息系统进行及时更新和调试,实现数据正确转换,确保新旧账套的有序衔接。

二、财务会计科目的新旧衔接

(一)将2018年12月31日原账会计科目余额转入新账财务会计科目

1. 资产类

(1)"库存现金""财政应返还额度""短期投资""固定资产""无形资产"科目

新制度设置了"库存现金""财政应返还额度""短期投资""固定资产""无形资产"科目,其核算内容与原账的上述相应科目的核算内容基本相同。转账时,中小学校应当将原账的上述科目余额直接转入新账的相应科目。其中,还应当将原账的"库存现金"科目余额中属于新制度规定受托代理资产的金额,转入新账的"库存现金"科目下"受托代理资产"明细科目。

（2）"银行存款"科目

新制度设置了"银行存款"和"其他货币资金"科目，原制度设置了"银行存款"科目。转账时，中小学校应当将原账"银行存款"科目中核算的属于新制度规定的其他货币资金的金额，转入新账"其他货币资金"科目；将原账"银行存款"科目余额减去其中属于其他货币资金余额后的差额，转入新账的"银行存款"科目。其中，还应当将原账的"银行存款"科目余额中属于新制度规定受托代理资产的金额，转入新账"银行存款"科目下的"受托代理资产"明细科目。

（3）"应收账款"科目

新制度设置了"应收票据""应收账款""预付账款"科目，这三个科目的核算内容与原账的"应收账款"科目的核算内容基本相同。转账时，中小学校应当将原账的"应收账款"科目余额中属于新制度规定的应收票据的金额转入新账的"应收票据"科目；将原账的"应收账款"科目余额中属于新制度规定的应收账款的金额转入新账的"应收账款"科目；将原账的"应收账款"科目余额中属于新制度规定的预付账款的金额转入新账的"预付账款"科目。

（4）"其他应收款"科目

新制度设置了"其他应收款"科目，该科目的核算内容与原账"其他应收款"科目的核算内容基本相同。转账时，中小学校应当将原账的"其他应收款"科目余额，转入新账的"其他应收款"科目。

新制度设置了"在途物品"科目，中小学校在原账"其他应收款"科目中核算了已经付款或开出商业汇票、尚未收到物资的款项，应当将原账的"其他应收款"科目余额中已经付款或开出商业汇票、尚未收到物资的款项金额，转入新账的"在途物品"科目。

（5）"存货"科目

新制度设置了"库存物品"和"加工物品"科目，原制度设置了"存货"科目。转账时，中小学校应当将原账的"存货"科目余额中属于在加工存货的金额，转入新账的"加工物品"科目；将原账的"存货"科目余额减去属于在加工存货的金额后的差额，转入新账的"库存物品"科目。

中小学校在原账的"存货"科目中核算了属于新制度规定的受托代理物资的，应当将原账的"存货"科目余额中属于受托代理物资的金额，转入新账的"受托代理资产"科目。

（6）"长期投资"科目

新制度设置了"长期股权投资"和"长期债券投资"科目，原制度设置了"长期投资"科目。转账时，中小学校应当将原账的"长期投资"科目余额中属于股权投资的金额，转入新账的"长期股权投资"科目及其明细科目；将原账的"长期投资"科目余额中属于债券投资的金额，转入新账的"长期债券投资"科目及其明细科目。

（7）"在建工程"科目

新制度设置了"在建工程"和"预付账款——预付备料款、预付工程款"科目，原制度设置了"在建工程"科目。转账时，中小学校应当将原账的"在建工程"科目余额（基建"并账"后的金额，下同）中属于预付备料款、预付工程款的金额，转入新账的"预付账款"科目相关明细科目；将原账的"在建工程"科目余额减去预付备料款、预付工程款金额后的差额，转入新账的"在建工程"科目。

中小学校在原账"在建工程"科目中核算了按照新制度规定应当记入"工程物资"科目内容的，应当将原账"在建工程"科目余额中属于工程物资的金额，转入新账的"工程物资"科目。

（8）"待处置资产损溢"科目

新制度设置了"待处理财产损溢"科目，该科目的核算内容与原账"待处置资产损溢"科目的核算内容基本相同。转账时，中小学校应当将原账的"待处置资产损溢"科目余额，转入新账的"待处理财产损溢"科目。

（9）"零余额账户用款额度"科目

由于原账的"零余额账户用款额度"科目年末无余额，该科目无需进行转账处理。

2.负债类

（1）"短期借款""应付职工薪酬""长期借款""长期应付款"科目

新制度设置了"短期借款""应付职工薪酬""长期借款""长期应付款"科目，这些科目的核算内容与原账的上述相应科目的核算内容基本相同。转账时，中小学校应当将原账的上述科目余额直接转入新账的相应科目。

（2）"应缴税费"科目

新制度设置了"应交增值税"和"其他应交税费"科目，原制度设置了"应缴税费"科目。转账时，中小学校应当将原账的"应缴税费——应缴增值税"科目余额，转入新账"应交增值税"科目中的相关明细科目；将原账的"应缴税费"科目余额减去属于应缴增值税余额后的差额，转入新账的"其他应交税费"科目。

（3）"应缴国库款""应缴财政专户款"科目

新制度设置了"应缴财政款"科目，原制度设置了"应缴国库款""应缴财政专户款"科目。转账时，中小学校应当将原账的"应缴国库款""应缴财政专户款"科目余额,转入新账的"应缴财政款"科目。

（4）"应付账款"科目

新制度设置了"应付票据""应付账款""预收账款"科目,这三个科目的核算内容与原账的"应付账款"科目的核算内容基本相同。转账时,中小学校应当将原账的"应付账款"科目余额中属于应付票据的金额转入新账的"应付票据"科目；将原账的"应付账款"科目余额中属于应付账款的金额转入新账的"应付账款"科目；将原账的"应付账款"科目余额中属于预收账款的金额转入新账的"预收账款"科目。

（5）"其他应付款"科目

新制度设置了"其他应付款"科目,该科目的核算内容与原账"其他应付款"科目的核算内容基本相同。转账时,中小学校应当将原账的"其他应付款"科目余额,转入新账的"其他应付款"科目。其中,中小学校在原账的"其他应付款"科目中核算了属于新制度规定的受托代理负债的,应当将原账的"其他应付款"科目余额中属于受托代理负债的余额,转入新账的"受托代理负债"科目。

（6）"代管款项"科目

新制度设置了"受托代理负债"科目,原账的"代管款项"科目的核算内容包括了受托代理负债的内容。转账时,中小学校应当对原账中"代管款项"科目余额进行分析,将其中属于新制度规定受托代理负债的余额转入新账的"受托代理负债"科目；将不属于受托代理负债的余额,根据偿还期限分别转入新账中"其他应付款"和"长期应付款"科目。

3.净资产类

（1）"事业基金"科目

新制度设置了"累计盈余"科目。该科目的余额包含了原账的"事业基金"科目的核算内容。转账时,中小学校应当将原账的"事业基金"科目余额转入新账的"累计盈余"科目。

(2)"非流动资产基金"科目

依据新制度,无需进行原制度中"非流动资产基金"科目对应内容的核算。转账时,中小学校应当将原账的"非流动资产基金"科目余额转入新账的"累计盈余"科目。

(3)"专用基金"科目

新制度设置了"专用基金"科目,该科目的核算内容与原账的"专用基金"科目的核算内容基本相同。转账时,中小学校应当将原账的"专用基金"科目余额转入新账的"专用基金"科目。

(4)"财政补助结转""财政补助结余""非财政补助结转"科目

新制度设置了"累计盈余"科目,该科目的余额包含了原账的"财政补助结转""财政补助结余""非财政补助结转"科目的余额内容。转账时,中小学校应当将原账的"财政补助结转""财政补助结余""非财政补助结转"科目余额,转入新账的"累计盈余"科目。

(5)"经营结余"科目

新制度设置了"本期盈余"科目,该科目的核算内容包含了原账"经营结余"科目的核算内容。新制度规定"本期盈余"科目余额最终转入"累计盈余"科目,如果原账的"经营结余"科目有借方余额,转账时,中小学校应当将原账的"经营结余"科目借方余额,转入新账的"累计盈余"科目借方。

(6)"事业结余""非财政补助结余分配"科目

由于原账的"事业结余""非财政补助结余分配"科目年末无余额,这两个科目无需进行转账处理。

4. 收入类、支出类

由于原账中收入类、支出类科目年末无余额，无需进行转账处理。自 2019 年 1 月 1 日起，应当按照新制度设置收入类、费用类科目并进行账务处理。

中小学校存在其他本规定未列举的原账科目余额的，应当比照本规定转入新账的相应科目。新账的科目设有明细科目的，应将原账中对应科目的余额加以分析，分别转入新账中相应科目的相关明细科目。

中小学校在进行新旧衔接的转账时，应当编制转账的工作分录，作为转账的工作底稿，并将转入新账的对应原科目余额及分拆原科目余额的依据作为原始凭证。

（二）将原未入账事项登记新账财务会计科目

1. 应收股利

中小学校在新旧制度转换时，应当将 2018 年 12 月 31 日前未入账的应收股利按照新制度规定记入新账。登记新账时，按照确定的应收股利金额，借记"应收股利"科目，贷记"累计盈余"科目。

2. 受托代理资产

中小学校在新旧制度转换时，应当将 2018 年 12 月 31 日前未入账的受托代理资产按照新制度规定记入新账。登记新账时，按照确定的受托代理资产金额，借记"受托代理资产"科目，贷记"受托代理负债"科目。

3. 盘盈资产

中小学校在新旧制度转换时，应当将 2018 年 12 月 31 日前未入账的盘盈资产按照新制度规定记入新账。登记新账时，按照确定的盘盈资产及其成本，分别借记有关资产科目，按照盘盈资产成本的合计金额，贷记"累计盈余"科目。

4. 应付质量保证金

中小学校在新旧制度转换时，应当将 2018 年 12 月 31 日前未入账的应付质量保证金按照新制度规定记入新账。登记新账时，按照确定未入账的应付质量保证金金额，借记"累计盈余"科目，贷记"其他应付款"科目［扣留期在 1 年以内（含 1 年）］、"长期应付款"科目［扣留期超过 1 年］。

5. 预计负债

中小学校在新旧制度转换时，应当将 2018 年 12 月 31 日按照新制度规定确认的预计负债记入新账。登记新账时，按照确定的预计负债金额，借记"累计盈余"科目，贷记"预计负债"科目。

中小学校存在 2018 年 12 月 31 日前未入账的其他事项的，应当比照本规定登记新账的相应科目。

中小学校对新账的财务会计科目补记未入账事项时，应当编制记账凭证，并将补充登记事项的确认依据作为原始凭证。

（三）对新账的相关财务会计科目余额按照新制度规定的会计核算基础进行调整

1. 计提坏账准备

新制度要求对中小学校收回后无需上缴财政的应收账款和其他应收款提取坏账准备。在新旧制度转换时，中小学校应当按照 2018 年 12 月 31 日无需上缴财政的应收账款和其他应收款的余额计算应计提的坏账准备金额，借记"累计盈余"科目，贷记"坏账准备"科目。

2. 按照权益法调整长期股权投资账面余额

对按照新制度规定应当采用权益法核算的长期股权投资，在新旧制度转换时，中小学校应当在"长期股权投资"科目下设置"新旧制度转换调整"明细科目,依据被投资单位2018年12月31日财务报表的所有者权益账面余额,以及中小学校持有被投资单位的股权比例,计算应享有或应分担的被投资单位所有者权益的份额,调整长期股权投资的账面余额,借记或贷记"长期股权投资——新旧制度转换调整"科目,贷记或借记"累计盈余"科目。

3. 确认长期债券投资期末应收利息

中小学校应当按照新制度规定于2019年1月1日补记长期债券投资应收利息,按照长期债券投资的应收利息金额,借记"长期债券投资"科目〔到期一次还本付息〕或"应收利息"科目〔分期付息、到期还本〕,贷记"累计盈余"科目。

4. 补提折旧

中小学校在原账中尚未计提固定资产折旧的,应当全面核查截至2018年12月31日的固定资产的预计使用年限、已使用年限、尚可使用年限等,并于2019年1月1日对尚未计提折旧的固定资产补提折旧,按照应计提的折旧金额,借记"累计盈余"科目,贷记"固定资产累计折旧"科目。

5. 补提摊销

中小学校在原账中尚未计提无形资产摊销的,应当全面核查截至2018年12月31日无形资产的预计使用年限、已使用年限、尚可使用年限等,并于2019年1月1日对前期尚未计提摊销的无形资产补提摊销,按照应计提的摊销金额,借记"累计盈余"科目,贷记"无形资产累计摊销"科目。

6. 确认长期借款期末应付利息

中小学校应当按照新制度规定于2019年1月1日补记长期借款的应

付利息金额，对其中资本化的部分，借记"在建工程"科目，对其中费用化的部分，借记"累计盈余"科目，按照全部长期借款应付利息金额，贷记"长期借款"科目［到期一次还本付息］或"应付利息"科目［分期付息、到期还本］。

中小学校对新账的财务会计科目期初余额进行调整时，应当编制记账凭证，并将调整事项的确认依据作为原始凭证。

三、预算会计科目的新旧衔接

（一）"财政拨款结转"和"财政拨款结余"科目及对应的"资金结存"科目余额

新制度设置了"财政拨款结转""财政拨款结余"科目及对应的"资金结存"科目。在新旧制度转换时，中小学校应当对原账的"财政补助结转"科目及对应科目余额进行逐项分析，加上已经计入支出尚未支付财政资金（如发生时列支的应付账款、应缴税费、应付职工薪酬等）的金额，减去已经支付财政资金尚未计入支出（如购入的存货、预付账款、其他应收款等）的金额，按照增减后的金额，登记新账的"财政拨款结转"科目及其明细科目贷方；按照原账"财政补助结余"科目余额，登记新账的"财政拨款结余"科目及其明细科目贷方。

按照原账"财政应返还额度"科目余额登记新账"资金结存——财政应返还额度"科目借方。按照新账的"财政拨款结转"和"财政拨款结余"科目贷方余额合计数减去新账的"资金结存——财政应返还额度"科目借方余额后的差额，登记新账的"资金结存——货币资金"科目借方。

（二）"非财政拨款结转"科目及对应的"资金结存"科目余额

新制度设置了"非财政拨款结转"科目及对应的"资金结存"科目。在新旧制度转换时，中小学校应当对原账的"非财政补助结转"科目及对应科目余额进行逐项分析,在原账的"非财政补助结转"科目余额基础上,加上已经计入支出尚未支付非财政补助专项资金(如发生时列支的应付票据、应付账款、应缴税费、应付职工薪酬等)的金额,减去已经支付非财政补助专项资金尚未计入支出(如购入的存货、预付账款、其他应收款等)的金额,加上已经收到非财政补助专项资金尚未计入预算收入(如预收账款等)的金额,减去已经计入预算收入尚未收到非财政补助专项资金(如应收票据、应收账款等)的金额,按照增减后的金额登记新账的"非财政拨款结转"科目及其明细科目贷方;同时,按照相同的金额登记新账"资金结存——货币资金"科目借方。

(三)"专用结余"科目及对应的"资金结存"科目余额

新制度设置了"专用结余"科目及对应的"资金结存"科目。在新旧制度转换时,中小学校应当按照原账"专用基金"科目余额中通过非财政补助结余分配形成的金额,借记新账的"资金结存——货币资金"科目,贷记新账的"专用结余"科目。

(四)"经营结余"科目及对应的"资金结存"科目余额

新制度设置了"经营结余"科目及对应的"资金结存"科目。如果原账的"经营结余"科目期末有借方余额,在新旧制度转换时,按照原账的"经营结余"科目余额,借记新账的"经营结余"科目,贷记新账的"资金结存"科目。

(五)"非财政拨款结余"科目及对应的"资金结存"科目余额

1.登记"非财政拨款结余"科目余额

新制度设置了"非财政拨款结余"科目及对应的"资金结存"科目。在新旧制度转换时,中小学校应当按照原账的"事业基金"科目余额,借记新账的"资金结存——货币资金"科目,贷记新账的"非财政拨款结余"科目。

2. 对新账"非财政拨款结余"科目及"资金结存"科目余额进行调整

（1）调整短期投资对非财政拨款结余的影响

中小学校应当按照原账的"短期投资"科目余额，借记"非财政拨款结余"科目，贷记"资金结存——货币资金"科目。

（2）调整应收票据、应收账款对非财政拨款结余的影响

中小学校应当对原账的"应收票据""应收账款"科目余额进行分析，区分其中发生时计入预算收入的金额和没有计入预算收入的金额。对发生时计入收入的金额，再区分计入专项资金收入的金额和计入非专项资金收入的金额，按照计入非专项资金收入的金额，借记"非财政拨款结余"科目，贷记"资金结存——货币资金"科目。

（3）调整预付账款对非财政拨款结余的影响

中小学校应当对原账的"预付账款"科目余额进行分析，区分其中由财政补助资金预付的金额、非财政补助专项资金预付的金额和非财政补助非专项资金预付的金额，按照非财政补助非专项资金预付的金额，借记"非财政拨款结余"科目，贷记"资金结存——货币资金"科目。

（4）调整其他应收款对非财政拨款结余的影响

中小学校按照新制度规定将原账其他应收款中的预付款项计入支出的，应当对原账的"其他应收款"科目余额进行分析，区分其中预付款项的金额（将来很可能列支）和非预付款项的金额，并对预付款项的金额划分为财政补助资金预付的金额、非财政补助专项资金预付的金额和非财政补助非专项资金预付的金额，按照非财政补助非专项资金预付的金额，借记"非财政拨款结余"科目，贷记"资金结存——货币资金"科目。

财政部关于印发中小学校执行《政府会计制度——行政事业单位会计科目和报表》的补充规定和衔接规定的通知

（5）调整存货对非财政拨款结余的影响

中小学校应当对原账的"存货"科目余额进行分析，区分购入的存货金额和非购入的存货金额。对购入的存货金额划分出其中使用财政补助资金购入的金额、使用非财政补助专项资金购入的金额和使用非财政补助非专项资金购入的金额，按照使用非财政补助非专项资金购入的金额，借记"非财政拨款结余"科目，贷记"资金结存——货币资金"科目。

（6）调整长期股权投资对非财政拨款结余的影响

中小学校应当对原账的"长期投资"科目余额中属于股权投资的余额进行分析，区分其中用现金资产取得的金额和用非现金资产及其他方式取得的金额，按照用现金资产取得的金额，借记"非财政拨款结余"科目，贷记"资金结存——货币资金"科目。

按照原制度核算长期投资，而且对应科目为"非流动资产基金——长期投资"的，不作此项调整。

（7）调整长期债券投资对非财政拨款结余的影响

中小学校应当按原账的"长期投资"科目余额中属于债券投资的余额，借记"非财政拨款结余"科目，贷记"资金结存——货币资金"科目。

按照原制度核算长期投资，而且对应科目为"非流动资产基金——长期投资"的，不作此项调整。

（8）调整短期借款、长期借款对非财政拨款结余的影响

中小学校应当按照原账的"短期借款""长期借款"科目余额，借记"资金结存——货币资金"科目，贷记"非财政拨款结余"科目。

（9）调整应缴税费、应付职工薪酬对非财政拨款结余的影响

中小学校应当对原账的"应缴税费""应付职工薪酬"科目余额进行分析，将计入支出尚未支付的金额划分出财政补助应付的金额、非财

政补助专项资金应付的金额和非财政补助非专项资金应付的金额，按照非财政补助非专项资金应付的金额，借记"资金结存——货币资金"科目，贷记"非财政拨款结余"科目。

（10）调整应付票据、应付账款对非财政拨款结余的影响

中小学校应当对原账的"应付票据""应付账款"科目余额进行分析，区分其中发生时计入支出的金额和未计入支出的金额。将计入支出的金额划分出财政补助应付的金额、非财政补助专项资金应付的金额和非财政补助非专项资金应付的金额，按照非财政补助非专项资金应付的金额，借记"资金结存——货币资金"科目，贷记"非财政拨款结余"科目。

（11）调整预收账款对非财政拨款结余的影响

中小学校应当按照原账的"预收账款"科目余额中预收非财政非专项资金的金额，借记"资金结存——货币资金"科目，贷记"非财政拨款结余"科目。

（12）调整专用基金对非财政拨款结余的影响

中小学校应当对原账的"专用基金"科目余额进行分析，划分出按照预算收入比例列支提取的专用基金，按照列支提取的专用基金的金额，借记"资金结存——货币资金"科目，贷记"非财政拨款结余"科目。

3.中小学校按照前述1、2两个步骤难以准确调整出"非财政拨款结余"科目及对应的"资金结存"科目余额的，在新旧制度转换时，可以在新账的"库存现金""银行存款""其他货币资金""财政应返还额度"科目借方余额合计数基础上，对不纳入单位预算管理的资金进行调整（如减去新账中货币资金形式的受托代理资产、应缴财政款、已收取将来需要退回资金的其他应付款，加上已支付将来需要收回资金的其

他应收款），按照调整后的金额减去新账的"财政拨款结转""财政拨款结余""非财政拨款结转""专用结余"科目贷方余额合计数，加上"经营结余"科目借方余额后的金额，登记新账的"非财政拨款结余"科目贷方；同时，按照相同的金额登记新账的"资金结存——货币资金"科目借方。

（六）"其他结余""非财政拨款结余分配"科目

新制度设置了"其他结余"和"非财政拨款结余分配"科目。由于这两个科目年初无余额，在新旧制度转换时，无需对"其他结余"和"非财政拨款结余分配"科目进行新账年初余额登记。

（七）预算收入类、预算支出类会计科目

由于预算收入类、预算支出类会计科目年初无余额，在新旧制度转换时，无需对预算收入类、预算支出类会计科目进行新账年初余额登记。

中小学校应当自2019年1月1日起，按照新制度设置预算收入类、预算支出类科目并进行账务处理。

中小学校存在2018年12月31日需要按照新制度预算会计核算基础调整预算会计科目期初余额的其他事项的，应当比照本规定调整新账的相应预算会计科目期初余额。

中小学校对预算会计科目的期初余额登记和调整，应当编制记账凭证，并将期初余额登记和调整的依据作为原始凭证。

四、财务报表和预算会计报表新旧衔接

（一）编制2019年1月1日资产负债表

中小学校应当根据2019年1月1日新账的财务会计科目余额，按照新制度编制2019年1月1日资产负债表（仅要求填列各项目"年初余额"）。

（二）2019 年度财务报表和预算会计报表的编制

中小学校应当按照新制度及补充规定编制 2019 年财务报表和预算会计报表。在编制 2019 年度收入费用表、净资产变动表、现金流量表和预算收入支出表、预算结转结余变动表时，不要求填列上年比较数。

中小学校应当根据 2019 年 1 月 1 日新账财务会计科目余额，填列 2019 年净资产变动表各项目的"上年年末余额"；根据 2019 年 1 月 1 日新账预算会计科目余额，填列 2019 年预算结转结余变动表的"年初预算结转结余"项目和财政拨款预算收入支出表的"年初财政拨款结转结余"项目。

五、其他事项

（一）截至 2018 年 12 月 31 日尚未进行基建"并账"的中小学校，应当首先按照《新旧中小学校会计制度有关衔接问题的处理规定》（财会〔2014〕5 号），将基建账套相关数据并入 2018 年 12 月 31 日原账中的相关科目余额，再按照本规定将 2018 年 12 月 31 日原账相关会计科目余额转入新账相应科目。

（二）2019 年 1 月 1 日前执行新制度及补充规定的中小学校，应当按照本规定做好新旧制度衔接工作。

财政部关于印发中小学校执行《政府会计制度——行政事业单位会计科目和报表》的补充规定和衔接规定的通知

附表1：

中小学校原会计科目余额明细表一

总账科目	明细分类	金额	备注
库存现金	库存现金		
	其中：受托代理现金		
银行存款	银行存款		
	其中：受托代理银行存款		
	其他货币资金		
应收账款	应收票据		
	应收账款		
	预收账款		
其他应收款	在途物品		已经付款，尚未收到物资
	其他		
存货	库存物品		
	受托代理物资		
长期投资	长期股权投资		
	长期债券投资		
在建工程	在建工程		
	工程物资		
	预付工程款、预付备料款		
应缴税费	应缴增值税		
	其他应缴税费		
应付账款	应付票据		
	应付账款		
	预收账款		
其他应付款	其他应付款		
	受托代理负债		
代管款项	受托代理负债		
	其他应付款		
	长期应付款		

附表2：

中小学校原会计科目余额明细表二

总账科目	明细分类	金额	备注
应收账款	应收票据和应收账款		
	其中：发生时不计入收入		如转让资产的应收票据和应收账款
	发生时计入收入		
	其中：专项收入		
	其他		
	预付账款		
	其中：财政补助资金预付		
	非财政补助专项资金预付		
	非财政补助非专项资金预付		
其他应收款	预付款项		如职工预借的差旅费等
	其中：财政补助资金预付		
	非财政补助专项资金预付		
	非财政补助非专项资金预付		
	需要收回及其他		如支付的押金、应收为职工垫付的款项等
存货	购入存货		
	其中：使用财政补助资金购入		
	使用非财政补助专项资金购入		
	使用非财政补助非专项购入		
	非购入存货		如无偿调入、接受捐赠的存货等

（续表）

总账科目	明细分类	金额	备注
长期投资	长期股权投资		
	其中：用现金资产取得		
	用非现金资产或其他方式取得		
	长期债券投资		
应付账款	应付票据和应付账款		
	其中：发生时不计入支出		
	发生时计入支出		
	其中：财政补助资金应付		
	非财政补助专项资金应付		
	非财政补助非专项资金应付		
	预收账款		
	其中：预收专项资金		
	预收非专项资金		
专用基金	从非财政补助结余分配中提取		
	从收入中列支提取		
	其他		

附表3：

中小学校新旧会计制度转账、登记新账科目对照表

序号	新制度会计科目		原制度会计科目	
	编号	名称	编号	名称
一、资产类				
1	1001	库存现金	1001	库存现金
2	1002	银行存款	1002	银行存款
3	1021	其他货币资金		
4	1101	短期投资	1101	短期投资
5	1201	财政应返还额度	1201	财政应返还额度
6	1211	应收票据	1212	应收账款
7	1212	应收账款		
8	1214	预付账款		
9	1218	其他应收款	1215	其他应收款
10	1301	在途物品		
11	1302	库存物品	1301	存货
12	1891	受托代理资产		
13	1501	长期股权投资	1401	长期投资
14	1502	长期债券投资		
15	1601	固定资产	1501	固定资产
16	1611	工程物资	1511	在建工程
17	1613	在建工程		
18	1214	预付账款		
19	1701	无形资产	1601	无形资产
20	1902	待处理财产损溢	1701	待处置资产损溢

（续表）

序号	新制度会计科目		原制度会计科目	
	编号	名称	编号	名称
二、负债类				
21	2001	短期借款	2001	短期借款
22	2101	应交增值税	2101	应缴税费
23	2102	其他应交税费		
24	2103	应缴财政款	2102	应缴国库款
25			2103	应缴财政专户款
26	2201	应付职工薪酬	2201	应付职工薪酬
27	2301	应付票据	2302	应付账款
28	2302	应付账款		
29	2305	预收账款		
30	2307	其他应付款	2305	其他应付款
31	2901	受托代理负债		
32	2501	长期借款	2401	长期借款
33	2502	长期应付款	2402	长期应付款
34	2901	受托代理负债	2501	代管款项
35	2307	其他应付款		
36	2502	长期应付款		
三、净资产类				
37	3001	累计盈余	3001	事业基金
38			3101	非流动资产基金
39	3101	专用基金	3201	专用基金
40	3001	累计盈余	3301	财政补助结转
41			3302	财政补助结余
42			3401	非财政补助结转

（续表）

序号	新制度会计科目		原制度会计科目	
	编号	名称	编号	名称
43	3001	累计盈余（借方）	3403	经营结余（借方）
四、预算结余类				
44	8101	财政拨款结转	3301	财政补助结转
45	8102	财政拨款结余	3302	财政补助结余
46	8201	非财政拨款结转	3401	非财政补助结转
47	8202	非财政拨款结余	3001	事业基金
48	8301	专用结余	3201	专用基金
49	8401	经营结余	3403	经营结余
50	8001	资金结存（借方）	3301	财政补助结转
			3302	财政补助结余
			3401	非财政补助结转
			3001	事业基金
			3201	专用基金
			3403	经营结余

财政部 教育部 人力资源和社会保障部关于建立完善中等职业学校生均拨款制度的指导意见

财教〔2015〕448号

国务院有关部委、有关直属机构,各省、自治区、直辖市、计划单列市财政厅(局)、教育厅(局、教委)、人力资源社会保障厅(局),新疆生产建设兵团财务局、教育局、人力资源社会保障局:

按照《中华人民共和国职业教育法》和《国务院关于加快发展现代职业教育的决定》(国发〔2014〕19号)有关要求,为促进中等职业教育(以下简称中职教育)改革发展,整体提高中等职业学校(以下简称中职学校)经费水平和人才培养质量,促进中职学校办出特色、办出水平,现就建立完善中职学校生均拨款制度提出以下意见。

一、原则和目标

(一)原则

1. 明确责任,依法制定。按照相关法律要求和中职教育"分级管理、地方为主、政府统筹、社会参与"的管理体制,地方是建立完善中职学校生均拨款制度的责任主体。省级要统筹推动本地区全面建立完善

公办中职学校生均拨款制度。中央财政通过"以奖代补"方式，引导各地建立完善中职学校生均拨款制度。

2．多元投入，分类支持。坚持政府投入为主，充分发挥市场机制作用，积极引导社会资本投入，建立健全政府、行业、企业及其他社会力量依法筹集经费的多元投入机制。在体现公平的基础上，积极探索分类支持，对不同地区、不同专业、不同规模、不同效益的中职学校实行差异化拨款，促进办学水平整体提高和持续发展。

3．促进改革，突出绩效。发挥财政资金的激励导向作用，建立完善中职学校生均拨款制度要与推进人才培养模式创新相结合，坚持产教融合、校企合作，形成激励相容、奖优扶优的机制，不断提高人才培养质量。切实提高财政资金使用效益，建立完善中职学校生均拨款制度要与强化绩效管理相结合，将绩效理念和绩效要求贯穿于中职教育经费分配使用全过程，体现目标和结果导向，加快发展现代中等职业教育。

（二）目标

到2016年底，各地应当建立完善中职学校生均拨款制度。以后年度，要结合财力积极采取有效措施，不断提高生均拨款水平，逐步建立生均拨款标准动态调整机制。

到2020年，建立起与社会主义市场经济体制相适应、基本满足事业发展需要的中职教育多元经费投入体系，形成以政府投入为主，行业、企业及其他社会力量共同支持的经费投入长效机制。

二、范围和标准

（一）范围

各地建立完善中职学校生均拨款制度，应当覆盖全部所属独立设置的公办中职学校（包括普通中专、成人中专、职业高中、技工学校），以及高等职业学院附属中专班。

（二）标准

各地要根据本地区经济社会发展水平、职业教育发展规划、专业办学成本差异、财力状况等因素，因地制宜、科学合理确定中职学校生均拨款标准（综合定额标准或公用经费定额标准），并逐步提高拨款水平。同时，要统筹协调公办中职学校与本地区民办中职学校举办者生均投入水平以及公办高等职业院校生均拨款水平。

各地在建立完善中职学校生均拨款制度过程中，应在优化中职教育资源布局的基础上，综合考虑在校生规模、专业办学成本等因素，切实体现改革和绩效导向，对中职学校实行差异化生均拨款，促进中职学校内涵发展。要防止出现吃"大锅饭"和盲目扩招等问题。要向改革力度大、办学效益好、就业质量高、校企合作紧密的学校倾斜，向管理水平高的学校倾斜，向当地产业转型升级亟需的专业以及农林水地矿油等艰苦行业专业倾斜，引导中职学校合理定位，办出特色和水平。

三、工作要求

（一）加强组织领导。各省级财政、教育、人力资源和社会保障部门要落实工作职责，健全工作机制，共同推进建立完善中职学校生均拨款制度。尚未建立拨款制度的省份应当于2016年年底前出台，已经建立拨款制度的省份要进一步完善相关政策措施，不断提高投入水平，逐步建立生均拨款标准动态调整机制。举办中职学校的国有企业可以参照学校所在地公办中职学校的生均拨款标准，建立完善所属中职学校生均拨款制度。

（二）强化省级统筹。各省级教育、人力资源和社会保障、财政部门要进一步统筹规划本地区中职教育资源配置，优化中职学校布局。在此基础上，建立完善省内中职学校生均拨款制度，明确经费分担责任，加大对辖区内困难地区的转移支付力度，督促和引导举办中职学校的市、县，落实生均拨款所需经费。加强对民办中职学校的管理和支持，制定完善相关政策，探索通过政府补贴、购买服务等方式，鼓励社会力量参与举办中职教育，促进民办中职教育发展。

（三）推进改革创新。各地要积极推动中职学校转变办学理念，合理确定办学定位，调整和设置专业，强化内涵建设，改革人才培养模式，积极推进校企合作机制化、制度化，将产教融合理念贯穿于人才培养工作各个环节，大力推进中职教育改革创新。

（四）开展绩效评价。各地要积极探索建立中职教育经费使用绩效评价机制，制定绩效评价管理办法，科学合理设计评价指标体系，扎实开展绩效评价工作，并充分利用评价结果，调整完善支持中职学校改革发展的政策措施，不断提高经费使用绩效。

（五）加强管理监督。各地要充分发挥现代信息技术的作用，进一步加强基础管理工作，确保学生人数等信息真实准确。要加强对中职教育经费的使用管理和监督检查，督促所属中职学校严格执行《中小学校财务制度》《中小学校会计制度》等相关规定，完善经费使用管理制度，强化预算约束，加大信息公开力度，积极配合审计、监察等部门开展相关检查。

财政部　教育部　人力资源和社会保障部
2015 年 11 月 9 日

财政部 外交部关于印发《因公临时出国经费管理办法》的通知

财行〔2013〕516号

党中央各部门，国务院各部委、各直属机构，总后勤部、武警总部，全国人大常委会办公厅，全国政协办公厅，高法院，高检院，各人民团体，各民主党派，各省、自治区、直辖市、计划单列市财政厅（局）、人民政府外事办公室，新疆生产建设兵团财务局、外事局：

根据中共中央政治局《关于改进工作作风、密切联系群众的八项规定》的要求和《党政机关厉行节约反对浪费条例》的精神，为进一步规范因公临时出国经费管理，我们对《临时出国人员费用开支标准和管理办法》（财行〔2001〕73号）进行了修订。现将修订后的《因公临时出国经费管理办法》（以下简称《办法》）印发给你们，请认真遵照执行。

请各地区各部门各单位根据《办法》基本原则和要求，结合实际制定具体规定，并于2014年2月1日前报送财政部备案。边境地区有频繁出国任务的，由所在省、自治区财政厅根据实际情况制定本地区因公临时出国经费开支标准和管理办法，并于2014年4月1日前报送财政部备案。

附件：因公临时出国经费管理办法

财政部　外交部
2013 年 12 月 20 日

附件：

因公临时出国经费管理办法

第一章　总　　则

第一条　为了进一步规范因公临时出国经费管理，加强预算监督，提高资金使用效益，保证外事工作的顺利开展，根据《中华人民共和国预算法》《党政机关厉行节约反对浪费条例》等法律法规，制定本办法。

第二条　本办法适用于各级党政军机关、人大政协机关、审判机关、检察机关、民主党派、人民团体和事业单位因公组派临时代表团组的省部级以下（含省部级）出国人员（以下简称出国人员）。

第三条　各地区各部门各单位因公组派临时出国团组应当坚持强化预算约束、优化经费结构、厉行勤俭节约、讲求务实高效的原则，严格控制因公临时出国规模，规范因公临时出国经费管理。

第二章　预算管理和计划管理

第四条　因公临时出国经费应当全部纳入预算管理，并按照下列规定执行：

（一）各级财政部门应当加强因公临时出国经费的预算管理，严格控制因公临时出国经费总额，科学合理地安排因公临时出国经费预算。

（二）各地区各部门各单位应当加强预算硬约束，认真贯彻落实厉行节约的要求，在核定的年度因公临时出国经费预算内，务实高效、精简节约地安排因公临时出国活动，不得超预算或无预算安排出访团组。确有特殊需要的，按规定程序报批。

第五条　出访团组实行计划审批管理，并按照下列规定执行：

（一）各地区各部门各单位应当认真贯彻中央有关外事管理规定，科学制订年度因公临时出国计划，认真履行因公临时出国计划报批制度，严格控制因公临时出国团组人数、国家数和在外停留天数，正确执行限量管理规定。组团单位和派出单位要明确责任，谁派出、谁负责。

（二）因公临时出国应当坚持因事定人的原则，不得因人找事，不得安排照顾性和无实质内容的一般性出访，不得安排考察性出访。

（三）各级外事部门应当加强因公临时出国计划的审核审批管理，严格把关，对违反规定、不适合成行的团组予以调整或者取消。驻外使馆答复国内因公临时出国征求意见时，应当严格履行把关职责。

第六条　各地区各部门各单位出国经费的支付，应当严格按照国库集中支付制度和公务卡管理制度的有关规定执行。

各地区各部门各单位应当严格执行各项经费开支标准，不得擅自突破，严禁接受或变相接受企事业单位资助，严禁向同级机关、下级机关、下属单位、企业、驻外机构等摊派或转嫁出访费用。

第七条　各地区各部门各单位应当建立因公临时出国计划与财务管理的内部控制制度。出访团组应当事先填报《因公临时出国任务和预算审批意见表》（见附1），由单位外事和财务部门分别出具审签意见，明确审核责任。出国任务、出国经费预算未通过审核的，不得安排出访团组。

第三章 经费管理

第八条 因公临时出国经费包括：国际旅费、国外城市间交通费、住宿费、伙食费、公杂费和其他费用。

国际旅费，是指出境口岸至入境口岸旅费。

国外城市间交通费，是指为完成工作任务所必须发生的，在出访国家的城市与城市之间的交通费用。

住宿费是指出国人员在国外发生的住宿费用。

伙食费是指出国人员在国外期间的日常伙食费用。

公杂费是指出国人员在国外期间的市内交通、邮电、办公用品、必要的小费等费用。

其他费用主要是指出国签证费用、必需的保险费用、防疫费用、国际会议注册费用等。

第九条 国际旅费按照下列规定执行：

（一）选择经济合理的路线。出国人员应当优先选择由我国航空公司运营的国际航线，由于航班衔接等原因确需选择外国航空公司航线的，应当事先报经单位外事和财务部门审批同意。不得以任何理由绕道旅行，或以过境名义变相增加出访国家和时间。

（二）按照经济适用的原则，通过政府采购等方式，选择优惠票价，并尽可能购买往返机票。

（三）因公临时出国购买机票，须经本单位外事和财务部门审批同意。机票款由本单位通过公务卡、银行转账方式支付，不得以现金支付。单位财务部门应当根据《航空运输电子客票行程单》等有效票据注明的金额予以报销。

（四）出国人员应当严格按照规定安排交通工具，不得乘坐民航包机或私人、企业和外国航空公司包机。

（五）省部级人员可以乘坐飞机头等舱、轮船一等舱、火车高级软卧或全列软席列车的商务座；司局级人员可以乘坐飞机公务舱、轮船二等舱、火车软卧或全列软席列车的一等座；其他人员均乘坐飞机经济舱、轮船三等舱、火车硬卧或全列软席列车的二等座。所乘交通工具舱位等级划分与以上不一致的，可乘坐同等水平的舱位。所乘交通工具未设置上述规定中本级别人员可乘坐舱位等级的，应乘坐低一等级舱位。上述人员发生的国际旅费据实报销。

（六）出国人员乘坐国际列车，国内段按国内差旅费的有关规定执行；国外段超过6小时以上的按自然（日历）天数计算，每人每天补助12美元。

第十条　出国人员根据出访任务需要在一个国家城市间往来，应当事先在出国计划中列明，并报本单位外事和财务部门批准。未列入出国计划、未经本单位外事和财务部门批准的，不得在国外城市间往来。出国人员的旅程必须按照批准的计划执行，其城市间交通费凭有效原始票据据实报销。

第十一条　住宿费按照下列规定执行：

（一）出国人员应当严格按照规定安排住宿，省部级人员可安排普通套房，住宿费据实报销；厅局级及以下人员安排标准间，在规定的住宿费标准之内予以报销。

（二）参加国际会议等的出国人员，原则上应当按照住宿费标准执行。如对方组织单位指定或推荐酒店，应当严格把关，通过询价方式从紧安排，超出费用标准的，须事先报经本单位外事和财务部门批准。经批准，住宿费可据实报销。

第十二条　伙食费和公杂费按照下列规定执行：

（一）出国人员伙食费、公杂费可以按规定的标准发给个人包干使

用。包干天数按离、抵我国国境之日计算。

（二）根据工作需要和特点，不宜个人包干的出访团组，其伙食费和公杂费由出访团组统一掌握，包干使用。

（三）外方以现金或实物形式提供伙食费和公杂费接待我代表团组的，出国人员不再领取伙食费和公杂费。

（四）出访用餐应当勤俭节约，不上高档菜肴和酒水，自助餐也要注意节俭。

第十三条　出访团组对外原则上不搞宴请，确需宴请的，应当连同出国计划一并报批，宴请标准按照所在国家一人一天的伙食费标准掌握。

出访团组与我国驻外使领馆等外交机构和其他中资机构、企业之间一律不得用公款相互宴请。

第十四条　出访团组在国外期间，收受礼品应当严格按有关规定执行。原则上不对外赠送礼品，确有必要赠送的，应当事先报经本单位外事和财务部门审批同意，按照厉行节俭的原则，选择具有民族特色的纪念品、传统手工艺品和实用物品，朴素大方，不求奢华。

出访团组与我国驻外使领馆等外交机构和其他中资机构、企业之间一律不得以任何名义、任何方式互赠礼品或纪念品。

第十五条　出国签证费用、防疫费用、国际会议注册费用等凭有效原始票据据实报销。根据到访国要求，出国人员必须购买保险的，应当事先报经本单位外事和财务部门批准后，按照到访国驻华使领馆要求购买，凭有效原始票据据实报销。

第十六条　出国人员回国报销费用时，须凭有效票据填报有团组负责人审核签字的国外费用报销单（具体表格由各单位制定）。各种报销凭证须用中文注明开支内容、日期、数量、金额等，并由经办人签字。

各单位财务部门应当根据本办法制定本单位财务报销审批的具体规定，加强对因公临时出国团组的经费核销管理。各单位财务部门应当对因公临时出国团组提交的出国任务批件、护照（包括签证和出入境记录）复印件及有效费用明细票据进行认真审核，严格按照批准的出国团组人员、天数、路线、经费预算及开支标准核销经费，不得核销与出访任务无关的开支。

第十七条 中央各部门根据出国经费预算，结合实际购汇需求，自主核定本部门及其所属单位购汇数额，通过财政部批准的人民币资金账户，向外汇指定银行购买外汇。

省级财政部门根据本级各部门和下级财政部门的申请，自主核定本地区购汇数额，并确定一家外汇指定银行具体办理购汇手续。

第四章 监督检查

第十八条 除涉密内容和事项外，因公临时出国经费的预决算应当按照预决算信息公开的有关规定，及时公开，主动接受社会监督。

第十九条 各级外事、财政、审计等部门对因公临时出国情况进行定期或不定期联合检查。各级财政部门应当定期或不定期对各部门各单位因公临时出国经费管理使用情况进行监督检查。审计部门应当对各部门各单位因公临时出国经费管理使用情况进行审计。

财务部门应当建立健全因公临时出国团组内部监督检查机制，每半年向同级外事、财政部门报送本部门本单位因公临时出国经费使用情况。严格按照预算绩效管理的有关规定，加强因公临时出国经费预算绩效评价，切实提高预算资金的使用效益。

第二十条 组团单位应当采取集中形式，对团组全体人员进行行前财经纪律教育。对出国人员违反本办法规定，有下列行为之一的，除相关开支一律不予报销外，按照《财政违法行为处罚处分条例》等有关规定严肃处理，并追究有关人员责任：

（一）违规扩大出国经费开支范围的；

（二）擅自提高经费开支标准的；

（三）虚报团组级别、人数、国家数、天数等，套取出国经费的；

（四）使用虚假发票报销出国费用的；

（五）其他违反本办法的行为。

第五章 附 则

第二十一条 各地区各部门各单位因公临时赴香港、澳门、台湾地区的，适用本办法。

第二十二条 各地区各部门各单位可以根据本办法，结合实际制定具体规定，报财政部备案。边境地区有频繁出国任务的，其因公临时出国经费开支标准和管理办法由所在省、自治区财政厅根据实际情况制定，并报财政部备案。

第二十三条 对与我新建交或未建交国家，相关经费开支标准暂按照经济水平相近的邻国标准执行。

第二十四条 财政部、外交部根据出访国家或地区经济发展、物价等变动情况，对相关经费开支标准适时调整。

第二十五条 国有企业和其他因公临时出国人员参照本办法执行。

第二十六条 本办法由财政部、外交部负责解释。

第二十七条 本办法自发布之日起30日后施行。财政部、外交部《关于印发〈临时出国人员费用开支标准和管理办法〉的通知》（财行〔2001〕73号）和财政部、中国民用航空总局《关于加强因公出国机票管理的通知》（财外字〔1998〕283号）同时废止。

附：1. 因公临时出国任务和预算审批意见表

2. 各国家和地区住宿费、伙食费、公杂费开支标准表（略）

财政部 外交部关于印发《因公临时出国经费管理办法》的通知

附1：

因公临时出国任务和预算审批意见表

团组名称						
组团单位		团长（级别）			团员人数	
出访国别（含经停）				出访时间（天数）		
出国任务审核意见						
审核单位				审核日期		
审核依据						
审核内容	是否列入出国计划：					
	出访目标和必要性：					
	时间和国别是否符合规定：					
	路线是否符合规定：					
	团组人数是否符合规定：					
	其他事项：					
审核意见						
预算财务审核意见						
审核单位				审核日期		
审核依据						
审核内容	是否列入年度预算：					
	合计	国际旅费	住宿费	伙食费	公杂费	其他费用
	须事先报批的支出事项：					
	其他事项：					
审核意见						

备注：出访团组和单位财务部门应对各项支出的测算和审核做详细说明。

财政部 外交部关于调整因公临时出国住宿费标准等有关事项的通知

财行〔2017〕434号

党中央有关部门，国务院各部委、各直属机构，中央军委后勤保障部、武警总部，全国人大常委会办公厅，全国政协办公厅，高法院，高检院，各民主党派中央，有关人民团体，各省、自治区、直辖市、计划单列式财政厅（局）、人民政府外事办公室，新疆生产建设兵团财务局、外事局：

为贯彻落实《党政机关厉行节约反对浪费条例》，进一步规范和加强因公临时出国经费管理，更好地保障对处工作开展，根据《因公临时出国经费管理办法》（财行〔2013〕156号）关于适时调整经费开支标准的规定，自2018年1月1日起，适当调整部分因公临时出国住宿费标准，进一步明确有关执行问题。现就有关事项通知如下：

一、调整伊朗等国家（地区）61个城市住宿费标准，具体标准见附件。

二、出国人员在境外往返机场的交通费用，可参照城市间交通费有关规定执行。

三、外方以现金或实物形式，为我出访团组仅提供交通接待的，出国人员可按标准的40%领取公杂费。

四、省部级人员按规定安排普通套房的，住宿费及按固定比例收取的服务费据实报销；服务费无固定比例的，按不超过住宿费的5%报销。工作涉密、任务紧急且飞行时间超过3个小时（含中转航班）的，经事先报本单们外事和财务部门批准，省部级人员随行一人可乘坐同等级交通工具。

五、中央管理的正司局级干部因工作需要，原则上可参照省部级人员的经费开支标准执行。

六、各地区、各部门、各单位应进一步加强因公时出国经费管理，坚持强化预算约束、优化经费结构、厉行勤俭节约、讲求务实高效；应严格执行各项制度规定，严禁将住宿费等不宜包干使用的经费发给个人包干使用，切实提高预算绩效。对违反因公临时出国经费管理规定的行为，有关部门应依法依规追究相关单位和人员的责任。

附件：因公临时出国住宿费标准调整表（略）

财政部　外交部

2017年11月13日

财政部关于印发《行政事业单位内部控制规范（试行）》的通知

财会〔2012〕21号

党中央有关部门，国务院各部委、各直属机构，全国人大常委会办公厅，全国政协办公厅，高法院，高检院，各民主党派中央，有关人民团体，各省、自治区、直辖市、计划单列市财政厅（局），新疆生产建设兵团财务局：

　　为了进一步提高行政事业单位内部管理水平，规范内部控制，加强廉政风险防控机制建设，根据《中华人民共和国会计法》《中华人民共和国预算法》等法律法规和相关规定，我部制定了《行政事业单位内部控制规范（试行）》，现印发给你们，自2014年1月1日起施行。执行中有何问题，请及时反馈我部。

　　附件：行政事业单位内部控制规范（试行）

财　政　部
2012年11月29日

财政部关于印发《行政事业单位内部控制规范（试行）》的通知

附件：

行政事业单位内部控制规范（试行）

第一章 总 则

第一条 为了进一步提高行政事业单位内部管理水平，规范内部控制，加强廉政风险防控机制建设，根据《中华人民共和国会计法》《中华人民共和国预算法》等法律法规和相关规定，制定本规范。

第二条 本规范适用于各级党的机关、人大机关、行政机关、政协机关、审判机关、检察机关、各民主党派机关、人民团体和事业单位（以下统称单位）经济活动的内部控制。

第三条 本规范所称内部控制，是指单位为实现控制目标，通过制定制度、实施措施和执行程序，对经济活动的风险进行防范和管控。

第四条 单位内部控制的目标主要包括：合理保证单位经济活动合法合规、资产安全和使用有效、财务信息真实完整，有效防范舞弊和预防腐败，提高公共服务的效率和效果。

第五条 单位建立与实施内部控制，应当遵循下列原则：

（一）全面性原则。内部控制应当贯穿单位经济活动的决策、执行和监督全过程，实现对经济活动的全面控制。

（二）重要性原则。在全面控制的基础上，内部控制应当关注单位重要经济活动和经济活动的重大风险。

（三）制衡性原则。内部控制应当在单位内部的部门管理、职责分工、业务流程等方面形成相互制约和相互监督。

（四）适应性原则。内部控制应当符合国家有关规定和单位的实际

情况，并随着外部环境的变化、单位经济活动的调整和管理要求的提高，不断修订和完善。

第六条 单位负责人对本单位内部控制的建立健全和有效实施负责。

第七条 单位应当根据本规范建立适合本单位实际情况的内部控制体系，并组织实施。具体工作包括梳理单位各类经济活动的业务流程，明确业务环节，系统分析经济活动风险，确定风险点，选择风险应对策略，在此基础上根据国家有关规定建立健全单位各项内部管理制度并督促相关工作人员认真执行。

第二章 风险评估和控制方法

第八条 单位应当建立经济活动风险定期评估机制，对经济活动存在的风险进行全面、系统和客观评估。

经济活动风险评估至少每年进行一次；外部环境、经济活动或管理要求等发生重大变化的，应及时对经济活动风险进行重估。

第九条 单位开展经济活动风险评估应当成立风险评估工作小组，单位领导担任组长。

经济活动风险评估结果应当形成书面报告并及时提交单位领导班子，作为完善内部控制的依据。

第十条 单位进行单位层面的风险评估时，应当重点关注以下方面：

（一）内部控制工作的组织情况。包括是否确定内部控制职能部门或牵头部门；是否建立单位各部门在内部控制中的沟通协调和联动机制。

（二）内部控制机制的建设情况。包括经济活动的决策、执行、监督是否实现有效分离；权责是否对等；是否建立健全议事决策机制、岗位责任制、内部监督等机制。

（三）内部管理制度的完善情况。包括内部管理制度是否健全；执行是否有效。

（四）内部控制关键岗位工作人员的管理情况。包括是否建立工作人员的培训、评价、轮岗等机制；工作人员是否具备相应的资格和能力。

（五）财务信息的编报情况。包括是否按照国家统一的会计制度对经济业务事项进行账务处理；是否按照国家统一的会计制度编制财务会计报告。

（六）其他情况。

第十一条 单位进行经济活动业务层面的风险评估时，应当重点关注以下方面：

（一）预算管理情况。包括在预算编制过程中单位内部各部门间沟通协调是否充分，预算编制与资产配置是否相结合、与具体工作是否相对应；是否按照批复的额度和开支范围执行预算，进度是否合理，是否存在无预算、超预算支出等问题；决算编报是否真实、完整、准确、及时。

（二）收支管理情况。包括收入是否实现归口管理，是否按照规定及时向财会部门提供收入的有关凭据，是否按照规定保管和使用印章和票据等；发生支出事项时是否按照规定审核各类凭据的真实性、合法性，是否存在使用虚假票据套取资金的情形。

（三）政府采购管理情况。包括是否按照预算和计划组织政府采购业务；是否按照规定组织政府采购活动和执行验收程序；是否按照规定保存政府采购业务相关档案。

（四）资产管理情况。包括是否实现资产归口管理并明确使用责任；是否定期对资产进行清查盘点，对账实不符的情况及时进行处理；是否按照规定处臵资产。

（五）建设项目管理情况。包括是否按照概算投资；是否严格履行审核审批程序；是否建立有效的招投标控制机制；是否存在截留、挤占、挪用、套取建设项目资金的情形；是否按照规定保存建设项目相关档案并及时办理移交手续。

（六）合同管理情况。包括是否实现合同归口管理；是否明确应签订合同的经济活动范围和条件；是否有效监控合同履行情况，是否建立合同纠纷协调机制。

（七）其他情况。

第十二条　单位内部控制的控制方法一般包括：

（一）不相容岗位相互分离。合理设臵内部控制关键岗位，明确划分职责权限，实施相应的分离措施，形成相互制约、相互监督的工作机制。

（二）内部授权审批控制。明确各岗位办理业务和事项的权限范围、审批程序和相关责任，建立重大事项集体决策和会签制度。相关工作人员应当在授权范围内行使职权、办理业务。

（三）归口管理。根据本单位实际情况，按照权责对等的原则，采取成立联合工作小组并确定牵头部门或牵头人员等方式，对有关经济活动实行统一管理。

（四）预算控制。强化对经济活动的预算约束，使预算管理贯穿于单位经济活动的全过程。

（五）财产保护控制。建立资产日常管理制度和定期清查机制，采取资产记录、实物保管、定期盘点、账实核对等措施，确保资产安全完整。

（六）会计控制。建立健全本单位财会管理制度，加强会计机构建设，提高会计人员业务水平，强化会计人员岗位责任制，规范会计基础工作，加强会计档案管理，明确会计凭证、会计账簿和财务会计报告处理程序。

（七）单据控制。要求单位根据国家有关规定和单位的经济活动业务流程，在内部管理制度中明确界定各项经济活动所涉及的表单和票据，要求相关工作人员按照规定填制、审核、归档、保管单据。

（八）信息内部公开。建立健全经济活动相关信息内部公开制度，根据国家有关规定和单位的实际情况，确定信息内部公开的内容、范围、方式和程序。

第三章 单位层面内部控制

第十三条 单位应当单独设臵内部控制职能部门或者确定内部控制牵头部门，负责组织协调内部控制工作。同时，应当充分发挥财会、内部审计、纪检监察、政府采购、基建、资产管理等部门或岗位在内部控制中的作用。

第十四条 单位经济活动的决策、执行和监督应当相互分离。

单位应当建立健全集体研究、专家论证和技术咨询相结合的议事决策机制。

重大经济事项的内部决策，应当由单位领导班子集体研究决定。重大经济事项的认定标准应当根据有关规定和本单位实际情况确定，一经确定，不得随意变更。

第十五条 单位应当建立健全内部控制关键岗位责任制，明确岗位职责及分工，确保不相容岗位相互分离、相互制约和相互监督。

单位应当实行内部控制关键岗位工作人员的轮岗制度，明确轮岗周期。不具备轮岗条件的单位应当采取专项审计等控制措施。

内部控制关键岗位主要包括预算业务管理、收支业务管理、政府采购业务管理、资产管理、建设项目管理、合同管理以及内部监督等经济活动的关键岗位。

第十六条 内部控制关键岗位工作人员应当具备与其工作岗位相适应的资格和能力。

单位应当加强内部控制关键岗位工作人员业务培训和职业道德教育,不断提升其业务水平和综合素质。

第十七条 单位应当根据《中华人民共和国会计法》的规定建立会计机构,配备具有相应资格和能力的会计人员。

单位应当根据实际发生的经济业务事项按照国家统一的会计制度及时进行账务处理、编制财务会计报告,确保财务信息真实、完整。

第十八条 单位应当充分运用现代科学技术手段加强内部控制。对信息系统建设实施归口管理,将经济活动及其内部控制流程嵌入单位信息系统中,减少或消除人为操纵因素,保护信息安全。

第四章 业务层面内部控制

第一节 预算业务控制

第十九条 单位应当建立健全预算编制、审批、执行、决算与评价等预算内部管理制度。

单位应当合理设置岗位,明确相关岗位的职责权限,确保预算编制、审批、执行、评价等不相容岗位相互分离。

第二十条 单位的预算编制应当做到程序规范、方法科学、编制及时、内容完整、项目细化、数据准确。

(一)单位应当正确把握预算编制有关政策,确保预算编制相关人员及时全面掌握相关规定。

(二)单位应当建立内部预算编制、预算执行、资产管理、基建管

财政部关于印发《行政事业单位内部控制规范（试行）》的通知

理、人事管理等部门或岗位的沟通协调机制，按照规定进行项目评审，确保预算编制部门及时取得和有效运用与预算编制相关的信息，根据工作计划细化预算编制，提高预算编制的科学性。

第二十一条 单位应当根据内设部门的职责和分工，对按照法定程序批复的预算在单位内部进行指标分解、审批下达，规范内部预算追加调整程序，发挥预算对经济活动的管控作用。

第二十二条 单位应当根据批复的预算安排各项收支，确保预算严格有效执行。

单位应当建立预算执行分析机制。定期通报各部门预算执行情况，召开预算执行分析会议，研究解决预算执行中存在的问题，提出改进措施，提高预算执行的有效性。

第二十三条 单位应当加强决算管理，确保决算真实、完整、准确、及时，加强决算分析工作，强化决算分析结果运用，建立健全单位预算与决算相互反映、相互促进的机制。

第二十四条 单位应当加强预算绩效管理，建立"预算编制有目标、预算执行有监控、预算完成有评价、评价结果有反馈、反馈结果有应用"的全过程预算绩效管理机制。

第二节 收支业务控制

第二十五条 单位应当建立健全收入内部管理制度。

单位应当合理设臵岗位，明确相关岗位的职责权限，确保收款、会计核算等不相容岗位相互分离。

第二十六条 单位的各项收入应当由财会部门归口管理并进行会计核算，严禁设立账外账。

业务部门应当在涉及收入的合同协议签订后及时将合同等有关材料

提交财会部门作为账务处理依据，确保各项收入应收尽收，及时入账。财会部门应当定期检查收入金额是否与合同约定相符；对应收未收项目应当查明情况，明确责任主体，落实催收责任。

第二十七条　有政府非税收入收缴职能的单位，应当按照规定项目和标准征收政府非税收入，按照规定开具财政票据，做到收缴分离、票款一致，并及时、足额上缴国库或财政专户，不得以任何形式截留、挪用或者私分。

第二十八条　单位应当建立健全票据管理制度。财政票据、发票等各类票据的申领、启用、核销、销毁均应履行规定手续。单位应当按照规定设臵票据专管员，建立票据台账，做好票据的保管和序时登记工作。票据应当按照顺序号使用，不得拆本使用，做好废旧票据管理。负责保管票据的人员要配置单独的保险柜等保管设备，并做到人走柜锁。

单位不得违反规定转让、出借、代开、买卖财政票据、发票等票据，不得擅自扩大票据适用范围。

第二十九条　单位应当建立健全支出内部管理制度，确定单位经济活动的各项支出标准，明确支出报销流程，按照规定办理支出事项。

单位应当合理设臵岗位，明确相关岗位的职责权限，确保支出申请和内部审批、付款审批和付款执行、业务经办和会计核算等不相容岗位相互分离。

第三十条　单位应当按照支出业务的类型，明确内部审批、审核、支付、核算和归档等支出各关键岗位的职责权限。实行国库集中支付的，应当严格按照财政国库管理制度有关规定执行。

（一）加强支出审批控制。明确支出的内部审批权限、程序、责任和相关控制措施。审批人应当在授权范围内审批，不得越权审批。

（二）加强支出审核控制。全面审核各类单据。重点审核单据来源是否合法，内容是否真实、完整，使用是否准确，是否符合预算，审批手续是否齐全。

支出凭证应当附反映支出明细内容的原始单据，并由经办人员签字或盖章，超出规定标准的支出事项应由经办人员说明原因并附审批依据，确保与经济业务事项相符。

（三）加强支付控制。明确报销业务流程，按照规定办理资金支付手续。签发的支付凭证应当进行登记。使用公务卡结算的，应当按照公务卡使用和管理有关规定办理业务。

（四）加强支出的核算和归档控制。由财会部门根据支出凭证及时准确登记账簿；与支出业务相关的合同等材料应当提交财会部门作为账务处理的依据。

第三十一条 根据国家规定可以举借债务的单位应当建立健全债务内部管理制度，明确债务管理岗位的职责权限，不得由一人办理债务业务的全过程。大额债务的举借和偿还属于重大经济事项，应当进行充分论证，并由单位领导班子集体研究决定。

单位应当做好债务的会计核算和档案保管工作。加强债务的对账和检查控制，定期与债权人核对债务余额，进行债务清理，防范和控制财务风险。

第三节 政府采购业务控制

第三十二条 单位应当建立健全政府采购预算与计划管理、政府采购活动管理、验收管理等政府采购内部管理制度。

第三十三条 单位应当明确相关岗位的职责权限，确保政府采购需

求制定与内部审批、招标文件准备与复核、合同签订与验收、验收与保管等不相容岗位相互分离。

第三十四条 单位应当加强对政府采购业务预算与计划的管理。建立预算编制、政府采购和资产管理等部门或岗位之间的沟通协调机制。根据本单位实际需求和相关标准编制政府采购预算，按照已批复的预算安排政府采购计划。

第三十五条 单位应当加强对政府采购活动的管理。对政府采购活动实施归口管理，在政府采购活动中建立政府采购、资产管理、财会、内部审计、纪检监察等部门或岗位相互协调、相互制约的机制。

单位应当加强对政府采购申请的内部审核，按照规定选择政府采购方式、发布政府采购信息。对政府采购进口产品、变更政府采购方式等事项应当加强内部审核，严格履行审批手续。

第三十六条 单位应当加强对政府采购项目验收的管理。根据规定的验收制度和政府采购文件，由指定部门或专人对所购物品的品种、规格、数量、质量和其他相关内容进行验收，并出具验收证明。

第三十七条 单位应当加强对政府采购业务质疑投诉答复的管理。指定牵头部门负责、相关部门参加，按照国家有关规定做好政府采购业务质疑投诉答复工作。

第三十八条 单位应当加强对政府采购业务的记录控制。妥善保管政府采购预算与计划、各类批复文件、招标文件、投标文件、评标文件、合同文本、验收证明等政府采购业务相关资料。定期对政府采购业务信息进行分类统计，并在内部进行通报。

第三十九条 单位应当加强对涉密政府采购项目安全保密的管理。对于涉密政府采购项目，单位应当与相关供应商或采购中介机构签订保密协议或者在合同中设定保密条款。

第四节 资产控制

第四十条 单位应当对资产实行分类管理，建立健全资产内部管理制度。

单位应当合理设置岗位，明确相关岗位的职责权限，确保资产安全和有效使用。

第四十一条 单位应当建立健全货币资金管理岗位责任制，合理设置岗位，不得由一人办理货币资金业务的全过程，确保不相容岗位相互分离。

（一）出纳不得兼管稽核、会计档案保管和收入、支出、债权、债务账目的登记工作。

（二）严禁一人保管收付款项所需的全部印章。财务专用章应当由专人保管，个人名章应当由本人或其授权人员保管。负责保管印章的人员要配置单独的保管设备，并做到人走柜锁。

（三）按照规定应当由有关负责人签字或盖章的，应当严格履行签字或盖章手续。

第四十二条 单位应当加强对银行账户的管理，严格按照规定的审批权限和程序开立、变更和撤销银行账户。

第四十三条 单位应当加强货币资金的核查控制。指定不办理货币资金业务的会计人员定期和不定期抽查盘点库存现金，核对银行存款余额，抽查银行对账单、银行日记账及银行存款余额调节表，核对是否账实相符、账账相符。对调节不符、可能存在重大问题的未达账项应当及时查明原因，并按照相关规定处理。

第四十四条 单位应当加强对实物资产和无形资产的管理，明确相关部门和岗位的职责权限，强化对配置、使用和处置等关键环节的管控。

（一）对资产实施归口管理。明确资产使用和保管责任人，落实资产使用人在资产管理中的责任。贵重资产、危险资产、有保密等特殊要求的资产，应当指定专人保管、专人使用，并规定严格的接触限制条件和审批程序。

（二）按照国有资产管理相关规定，明确资产的调剂、租借、对外投资、处置的程序、审批权限和责任。

（三）建立资产台账，加强资产的实物管理。单位应当定期清查盘点资产，确保账实相符。财会、资产管理、资产使用等部门或岗位应当定期对账，发现不符的，应当及时查明原因，并按照相关规定处理。

（四）建立资产信息管理系统，做好资产的统计、报告、分析工作，实现对资产的动态管理。

第四十五条　单位应当根据国家有关规定加强对对外投资的管理。

（一）合理设置岗位，明确相关岗位的职责权限，确保对外投资的可行性研究与评估、对外投资决策与执行、对外投资处置的审批与执行等不相容岗位相互分离。

（二）单位对外投资，应当由单位领导班子集体研究决定。

（三）加强对投资项目的追踪管理，及时、全面、准确地记录对外投资的价值变动和投资收益情况。

（四）建立责任追究制度。对在对外投资中出现重大决策失误、未履行集体决策程序和不按规定执行对外投资业务的部门及人员，应当追究相应的责任。

第五节　建设项目控制

第四十六条　单位应当建立健全建设项目内部管理制度。

单位应当合理设置岗位，明确内部相关部门和岗位的职责权限，确保项目建议和可行性研究与项目决策、概预算编制与审核、项目实施与价款支付、竣工决算与竣工审计等不相容岗位相互分离。

第四十七条 单位应当建立与建设项目相关的议事决策机制,严禁任何个人单独决策或者擅自改变集体决策意见。决策过程及各方面意见应当形成书面文件,与相关资料一同妥善归档保管。

第四十八条 单位应当建立与建设项目相关的审核机制。项目建议书、可行性研究报告、概预算、竣工决算报告等应当由单位内部的规划、技术、财会、法律等相关工作人员或者根据国家有关规定委托具有相应资质的中介机构进行审核,出具评审意见。

第四十九条 单位应当依据国家有关规定组织建设项目招标工作,并接受有关部门的监督。

单位应当采取签订保密协议、限制接触等必要措施,确保标底编制、评标等工作在严格保密的情况下进行。

第五十条 单位应当按照审批单位下达的投资计划和预算对建设项目资金实行专款专用,严禁截留、挪用和超批复内容使用资金。

财会部门应当加强与建设项目承建单位的沟通,准确掌握建设进度,加强价款支付审核,按照规定办理价款结算。实行国库集中支付的建设项目,单位应当按照财政国库管理制度相关规定支付资金。

第五十一条 单位应当加强对建设项目档案的管理。做好相关文件、材料的收集、整理、归档和保管工作。

第五十二条 经批准的投资概算是工程投资的最高限额,如有调整,应当按照国家有关规定报经批准。

单位建设项目工程洽商和设计变更应当按照有关规定履行相应的审批程序。

第五十三条 建设项目竣工后,单位应当按照规定的时限及时办理

竣工决算，组织竣工决算审计，并根据批复的竣工决算和有关规定办理建设项目档案和资产移交等工作。

建设项目已实际投入使用但超时限未办理竣工决算的，单位应当根据对建设项目的实际投资暂估入账，转作相关资产管理。

第六节 合同控制

第五十四条 单位应当建立健全合同内部管理制度。

单位应当合理设置岗位，明确合同的授权审批和签署权限，妥善保管和使用合同专用章，严禁未经授权擅自以单位名义对外签订合同，严禁违规签订担保、投资和借贷合同。

单位应当对合同实施归口管理，建立财会部门与合同归口管理部门的沟通协调机制，实现合同管理与预算管理、收支管理相结合。

第五十五条 单位应当加强对合同订立的管理，明确合同订立的范围和条件。对于影响重大、涉及较高专业技术或法律关系复杂的合同，应当组织法律、技术、财会等工作人员参与谈判，必要时可聘请外部专家参与相关工作。谈判过程中的重要事项和参与谈判人员的主要意见，应当予以记录并妥善保管。

第五十六条 单位应当对合同履行情况实施有效监控。合同履行过程中，因对方或单位自身原因导致可能无法按时履行的，应当及时采取应对措施。

单位应当建立合同履行监督审查制度。对合同履行中签订补充合同，或变更、解除合同等应当按照国家有关规定进行审查。

第五十七条 财会部门应当根据合同履行情况办理价款结算和进行账务处理。未按照合同条款履约的，财会部门应当在付款之前向单位有关负责人报告。

第五十八条 合同归口管理部门应当加强对合同登记的管理，定期对合同进行统计、分类和归档，详细登记合同的订立、履行和变更情况，实行对合同的全过程管理。与单位经济活动相关的合同应当同时提交财会部门作为账务处理的依据。

单位应当加强合同信息安全保密工作，未经批准，不得以任何形式泄露合同订立与履行过程中涉及的国家秘密、工作秘密或商业秘密。

第五十九条 单位应当加强对合同纠纷的管理。合同发生纠纷的，单位应当在规定时效内与对方协商谈判。合同纠纷协商一致的，双方应当签订书面协议；合同纠纷经协商无法解决的，经办人员应向单位有关负责人报告，并根据合同约定选择仲裁或诉讼方式解决。

第五章　评价与监督

第六十条 单位应当建立健全内部监督制度，明确各相关部门或岗位在内部监督中的职责权限，规定内部监督的程序和要求，对内部控制建立与实施情况进行内部监督检查和自我评价。

内部监督应当与内部控制的建立和实施保持相对独立。

第六十一条 内部审计部门或岗位应当定期或不定期检查单位内部管理制度和机制的建立与执行情况，以及内部控制关键岗位及人员的设置情况等，及时发现内部控制存在的问题并提出改进建议。

第六十二条 单位应当根据本单位实际情况确定内部监督检查的方法、范围和频率。

第六十三条 单位负责人应当指定专门部门或专人负责对单位内部控制的有效性进行评价并出具单位内部控制自我评价报告。

第六十四条 国务院财政部门及其派出机构和县级以上地方各级人民政府财政部门应当对单位内部控制的建立和实施情况进行监督检查，

有针对性地提出检查意见和建议，并督促单位进行整改。

国务院审计机关及其派出机构和县级以上地方各级人民政府审计机关对单位进行审计时，应当调查了解单位内部控制建立和实施的有效性，揭示相关内部控制的缺陷，有针对性地提出审计处理意见和建议，并督促单位进行整改。

第六章　附　　则

第六十五条　本规范自 2014 年 1 月 1 日起施行。